任性出版

搞懂

2021～2022年版

有錢人、薪水族都需要

節稅的布局

所得稅、遺產稅、贈與稅與房地合一稅，
你可以合法的少繳稅，甚至一輩子不繳稅。

信達聯合會計師事務所所長
台灣創速董事合夥人

胡碩勻——著

關於節稅，
你想知道的問題速查表

一個月賺多少錢的人，才需要繳稅呀？
（見 114 頁）

我薪水一個月才 24K，這樣根本不用理會 5 月的報稅吧？
（見 115 頁）

我父母都過世了，也沒兄弟姊妹，萬一我掛了，我的錢歸誰？
（見 137 頁）

我媽只想把財產留給兒子，不想留給我這個女兒，很氣她重男輕女，但能怎麼辦？
（見 147 頁）

今年報稅的最新免稅額和扣除額速查表
（見 44 頁）

哪些收據可以抵稅？哪些不能？植牙可以嗎？點光明燈可以嗎？
（見 47 頁）

我下個月好多演講，鐘點費要算薪資所得還是執行業務所得才划算？（見 85 頁）

我投資不少海外基金，基金配發的股利或股息要繳稅嗎？（見 103 頁）

有多少財產的人，才需要關心遺產稅？（見 159 頁）

我有很多股票，每年股利不少，是要用合併計稅還是分開計稅較好？另外，聽說也可用公司持有股票節稅？（見 108 頁）

我爸很早就過世，我是爺爺養大的。現在爺爺也走了，但大伯說我不能分爺爺的遺產，這是真的嗎？（見 152 頁）

自從我中風，都是菲傭在照顧我，以後我走了，可以把遺產留給她嗎？（見 131 頁）

女兒下個月要結婚了，我想送一棟房子給她當嫁妝，這樣算贈與嗎？
（見 192 頁）

兒子說要買房，但錢不夠，我幫他出 300 萬頭期款，剩下的貸款他自己繳，這是贈與嗎？還有，贈與稅要怎麼算？
（見 199 頁）

我有個 6 年的養老險快到期，差不多四百多萬，到期前想把受益人改成女兒，卻被保險顧問阻止，為什麼？
（見 219 頁）

我現在買房划算嗎？實價登錄及房地合一稅之後，到底對房價的影響有多大？
（見 269 頁）

聽說在臺灣，養車的稅金比養房還高，真是這樣嗎？
（見 256 頁）

很多朋友現在都把財產信託，信託到底有啥好處？
（見 225 頁）

薪水不夠用，我下班後有兼差，這筆收入要怎麼節稅？甚至不用繳稅？

（見 85 頁）

上網開店的收入，也就是營業額，需要繳稅嗎？

（見 70 頁）

我存錢買了間套房，花了一筆裝潢費、粉刷牆壁之後出租給學生。但裝修師傅沒開發票給我，我要怎麼扣除這筆開銷，才能讓稅金減少？

（見 91 頁）

我車子停在堤防外的停車場，颱風來被水淹了，這可以申請減稅嗎？

（見 56 頁）

公司送一輛車給我，為什麼我要繳稅？我朋友的老闆送她一輛車，為什麼就不必繳稅？

（見 71 頁）

朋友的父親中風之後，失去語言行動能力，有人建議他趁著父親在世趕緊辦理贈與或者過戶，說這樣可以省遺產稅。這辦法行得通嗎？

（見 126 頁）

我賺的錢比較多，做的家事也比較多，這樣我跟丈夫離婚後，剩餘財產比較少的丈夫還能跟我要錢嗎？
（見 166 頁）

奇怪，他賺的明明比我多，為什麼繳的稅比我少？
（見 45 頁）

不動產實價登錄新制在 2020 年 7 月上路了，舊制、新制差在哪？
（見 270 頁）

我的小孩只在我年老生病後對我特別好，有辦法讓他少拿一點遺產嗎？
（見 131 頁）

聽人家說，保險可以節稅，這是真的嗎？有沒有例外狀況？
（見 175 頁）

怎樣算海外所得？我媽媽長期在中國大陸出差的薪水也要申報嗎？
（見 77 頁）

朋友的媽媽再婚了，但他繼父生病過世後，他竟然分不到遺產，為什麼？
（見 305 頁）

我把房子拿去安排遺囑信託，這樣我還可以申請房屋稅自住優惠稅率嗎？
（見 256 頁）

我代提領爸爸的錢、支付他的醫藥費，等他過世之後，這些錢應該就不用繳納遺產稅了吧？
（見 315 頁）

朋友繼承了一間房子，但房貸還沒繳完，這樣他賣掉的話，要繳多少稅？
（見 298 頁）

離婚時，前夫決定把房子都給我，自己只要一部分的錢，我們要怎麼節稅才雙贏呢？
（見 289 頁）

我表姐是經紀公司簽約的小模，她去走秀賺的錢算是執行業務所得，還是薪資所得？
（見 81 頁）

第一章
讓錢流進來，再也不出去──
個人所得稅篇

📝 第二章
把愛與錢一起傳下去——
遺產稅篇 *117*

第三章
喜歡嗎？送給你──
贈與稅及信託篇

📝 第四章

有房斯有財，儘管政府要你萬萬稅——
不動產篇

各界推薦

「學做有錢人，就從布局節稅開始！」

——朱紀中，商周集團總經理

「想合法的少繳稅捐嗎？你可參閱本書。」

——呂志明，社團法人台灣省會計師公會名譽理事長

「一生必讀的理財經典。」

——余凱文，台灣創速創辦人、台灣投資人關係協會首席顧問

「繳稅人人有責，節稅人人有權。輕鬆搞懂節稅布局，讓你的錢長大；跟著名會計師學節稅，讓你的錢輕鬆變大。」

——林奇芬，理財教母、前《Money 錢》雜誌社長

「這是一本易讀實用的好書。」

——周行一，國立政治大學財務管理系教授

「一本大家都可以參考的稅務實用好書。」

——張士傑，政治大學風險管理與保險學系教授、
中國信託金融控股公司獨立董事

「這是一本淺顯易懂的節稅實用寶典！」

——郭維裕，政治大學教授、劍橋大學經濟博士

「看了《節稅的布局》，你能輕易搞懂如何合法的使稅後財富最大化。有錢人該看，上班族也該看，財務顧問師更該看！」

——梁天龍，保險行銷集團董事長

「投資，巴菲特說財報就像球賽的計分板，看不懂你就無法了解比賽。而理財，稅務規劃就是合法的創造財富，不懂規則，你輸在起跑點，也流失了金錢。胡碩勻有會計師和財務規劃師的雙重身分，讓節稅有了布局和規劃的意涵！」

——闕又上，理財暢銷書作家

推薦序
雇提 6% 加自提 6% 薪水，讓我穩賺 6.9%

大是文化、任性出版總編輯／吳依瑋

　　《節稅的布局》出版至今，已邁入第三版，每年都因應稅法的調整修訂內容。令人開心的是，第二版（2020 ～ 2021 年）的銷量比首次出版更好，第三版（2021 ～ 2022 年）更是在很多讀者的催促中如期誕生。

　　我自己和家人都是上班族，以前的我跟其他人一樣，都以為我們這種薪水族，每一筆收入都被國稅局盯得牢牢的，哪還需要什麼布局？節稅，是有錢人才要思考的事情吧。

　　直到我看完胡碩勻的這本書（我已連讀 3 年，應該是全臺灣把這本書讀過最多次的人了），才恍然大悟──**節稅無關乎有沒有錢，而且，就因為懂節稅，你才會越來越有錢。**

　　於是本書出版的第一年，我就用書中胡碩勻會計師教的方法，跟老闆提出：以後每個月薪水都要自提 6% 到勞退帳戶。我還讓家人也這樣做，因為自提的部分，隔年報稅時全部免稅（詳見本書第一章），這樣我們一家子的薪資所得立即降低，馬上出現節稅效果。

　　另外一個收穫是，因為雇提 6% 加上自提 6%，讓我和家人的勞退帳戶增加速度比以前快，加上這兩年勞退基金的操作績效比前幾年更好，2019 年的績效高達 7.35 ％，2020 年也有 6.94 ％，比 0050 還要好賺。（按：查詢勞退帳戶金額，可利用自然人憑證或到

銀行申請勞動保障卡。）

本書對我的幫助還不只如此。

有一回，一個長輩朋友很憤怒的要匪類兒子回家簽遺產拋棄繼承，因為她一毛錢都不想留給他，我馬上提醒長輩朋友：「繼承權是不能預先拋棄的，就算妳現在逼兒子簽了，以後也沒法律效益，而且他還是有特留分。」她才打消念頭。

此外，一個好野人朋友決定幫兒子付房子頭期款，金額高達四百多萬元（我也想要有這種富爸爸），我就建議他，可以 2020 年 12 月 31 日先給兒子 220 萬，2021 年第一天再給兒子 220 萬，雖然一共給了 440 萬（贈與的免稅額是一年 220 萬），但一毛贈與稅都不用繳，等於幫兒子繳了房子的頭期款。這其中的眉角你看出來了嗎？喔，不是我很厲害，這些都是胡碩勻會計師教我的。

這兩年，我很常跟朋友推薦這本書，因為在人生的每個不同階段，我們都會遇到贈與、遺產、房地合一稅等不同問題，與其因為不了解稅法而讓國稅局找上門，不如現在就先做好節稅的布局，少繳稅之餘，還能順利做好投資理財。

2021 年新版序
實價登錄新制、房地合一稅2.0……
新法制上路，如何做好節稅的布局？

　　《節稅的布局》自 2019 年 4 月初版以來，有許多讀者與客戶前來諮詢稅務問題，除了所得稅、不動產相關稅負外，特別多人來詢問財產傳承類的遺產贈與稅及資產移轉的相關問題。

　　感謝眾多讀者的支持，也謝謝讀者的回饋，讓我知道本書的確幫助了許多人，提前做好節稅的布局。

　　有鑑於許多客戶及讀者對於財富傳承移轉、相關遺產贈與稅以及夫妻家庭的財稅故事，特別心有戚戚焉，更建議我繼續增加這類案例，因此我在《節稅的布局（2021 ～ 2022 年版）》，不但增修綜合所得稅相關的內容更新，又根據時事，多增加了好幾則財富傳承與夫妻財產的故事（見下頁圖表 0-1）。

　　綜所稅更新內容包括：

　　1. 所得稅扣除額調整。（見 44 頁）

　　2. 基本生活費用差額提高。（見 63 頁）

　　3. 2021 年起，未上市（上櫃、興櫃）股票交易所得須計入最低稅負制。（見 110 頁）

　　4. 包租代管及社會住宅的租賃所得優惠。（見 91 頁）

　　5. 個人投資新創事業公司可以節稅。（見 65 頁）

圖表 0-1　2021 年更新總表

項目	內容	頁數
綜所稅	1. 所得稅扣除額調整。	44
	2. 基本生活費用差額提高。	63
	3. 未上市（上櫃、興櫃）股票交易所得計入最低稅負制。	110
	4. 包租代管及社會住宅的租賃所得優惠。	91
	5. 個人投資新創事業公司可以節稅。	65
時事案例	1. 從藝人小鬼黃鴻升英年早逝的案例，談遺產分配問題。	317
	2. 韓劇《夫妻的世界》中，離婚前的家庭財務與風險如何管理？保單如何變更？	325
	3. 日本藝人志村健離世近 1 年，3 億遺產沒人繼承，若發生在臺灣要怎麼避免？	210
	4. 為了節省遺產稅，子女請求醫生讓爸爸再多活 1 年。	314
	5. 父親重病期間，帳戶的錢都拿去付醫藥費，這樣要申報遺產稅嗎？	315
	6. 未婚無子女的吳老先生立了遺囑，要把遺產給乾女兒，為什麼遭判定無效？	135
	7. 繼承有房貸的房子再轉售，要注意什麼？	298
	8. 夫妻離婚要過戶房屋，有什麼房地合一稅的問題？	289
其他規定	1. 保單變更要保人，保險公司須取得遺贈稅繳納證明書。	221
	2. 《民法》重大增修：夫妻剩餘財產差額分配請求權。	166
	3. 不動產實價登錄新制上路。	270
	4. 房地合一稅 2.0（2021 年 7 月 1 日施行）。	300

　　除此之外，我又根據 2020 年發生的幾件大事，以及爆紅的韓劇《夫妻的世界》，多增加了好幾則財富傳承與夫妻財產的故事，還有相關說明，包括：

　　1. 從藝人小鬼黃鴻升年輕就過世的案例，談遺產分配問題。（見 317 頁）

　　2. 韓劇《夫妻的世界》爆紅後，有客戶向我諮詢離婚前的家庭財務管理與風險管理，並詢問保單如何變更，我這樣建議……。（見 325 頁）

　　3. 日本藝人志村健離世近 1 年，3 億遺產沒人繼承，若發生在臺灣應如何避免？（見 210 頁）

　　4. 為了節遺產稅，子女請求醫生讓爸爸再多活 1 年的新聞。（見 314 頁）

　　5. 父親重病期間，帳戶的錢全都拿去付醫藥費了，這樣還要申報遺產稅嗎？（見 315 頁）

　　6. 未婚無子女的吳老先生立了遺囑，要把遺產給乾女兒，為什麼遺囑遭法官判定無效？（見 135 頁）

　　7. 2020 年 11 月起，保單變更要保人時，保險公司須取得遺贈稅繳納證明書才能變更。（見 221 頁）

　　另外，2020 年到 2021 年第一季，稅法以及與財產議題相關的《民法》有重大增修，我一併在本書中補充說明，例如：《民法》第 1030 條之 1 修正案「夫妻剩餘財產差額分配請求權」（見 166 頁）。

　　2020 年，立法院三讀通過《平均地權條例》、《地政士法》及

《不動產經紀業管理條例》等三法修正草案，我也補充了同年上路的不動產實價登錄 2.0，提醒最新規定：門牌全都露、預售屋納管、紅單炒作最重罰百萬（見 270 頁）。另外還新增一些真實案例，如：繼承有房貸的房子轉售後反而倒賠？（見 298 頁）說明夫妻離婚時，以房屋過戶為條件而衍生的房地合一稅問題。（見 289 頁）

在不動產的部分，2021 年 3 月，財政部祭出房地合一稅 2.0，針對房地短期移轉再加重課稅，調整了持有期間轉售的所得稅率，並且將預售屋也納入課稅範圍。立法院已於 2021 年 4 月 9 日三讀通過，定於 2021 年 7 月 1 日開始實施，若想詳細了解，我也整理出了表格，請見 300 頁。

由於時空不同，許多法令並不一定永遠適用，這時就需要修改，而這不僅牽動社會，更會影響到每個人的稅負。可以說，節稅的布局，是一個沒有盡頭的課題。

想辦法少繳稅，不只是很多有錢人理財規劃的首要重點，也是小資族不容忽略的一塊。我常說，不管收入高或低，都要了解稅法的基本規定，別讓自己合法節稅的權益睡著，最可惜的是白白把錢繳出去，還不知道原因……。

新的一年，碰上新的法規，讓我們繼續合法節稅，做好節稅的布局！

前言
變有錢的第一步：稅後財富最佳化

世界上只有兩件事是不可避免的，那就是繳稅（Tax）和死亡（Death）。
——美國開國元勳班傑明・富蘭克林（Benjamin Franklin）

有一對情侶相約共享晚餐，就在兩人聊到綜合所得稅時，女方有點不太開心的問男方：「我去年年收入 80 萬，你的年收 100 萬，比我高 20 萬，為什麼我繳的稅反而比你多 800 元？」

收入多的人一定繳比較多嗎？

以上兩人都是單純的薪資收入，年收入 100 萬的男生繳了 1.88 萬的綜所稅，年收入 80 萬的女生卻繳了 1.96 萬。為何年收入 100 萬的人繳的稅反而比較少？因為年收入 80 萬的女生在申報綜所稅時，選擇了「標準扣除額」，而年收入 100 萬的男生，選擇了「列舉扣除額」。

標準扣除額和列舉扣除額有什麼差別？為何會影響報稅的結果？我在後面的文章會介紹。總之，想要節省個人所得稅，最快的方法除了降低所得（但多數人不會這樣做），另一個就是增加扣除額，而增加扣除額的第一步，便是了解政府對於各項扣除額與免稅額的遊戲規則，這就是本書的主題：節稅的布局。

好幾年前，鴻海董事長郭台銘曾在股東會上主動表示，他今年薪水只領1元。媒體調查其他知名企業家後發現，除了郭董，已故前台塑董事長王永慶、聯華電子榮譽董事長曹興誠、奇美集團創辦人許文龍等，都是不支領薪水或領非常少的薪津。美國股神巴菲特（Warren Buffett）與微軟聯合創始人比爾・蓋茲（Bill Gates）也是如此。為什麼這些有錢的大老闆自願領這麼少的薪水？絕對不只是因為他們佛心，而是，有錢人節稅的布局。

為何要做稅務規劃？

英語的稅收（Tax）與死亡（Death）的音很接近，所以有人說：「人最怕的兩件事，就是Death & Tax！」為什麼繳稅這麼可怕，居然拿來跟死亡相比？因為幾乎沒有人喜歡繳稅，相信即使是國稅局的員工，也是如此。每個人領到月薪，就會依照自己的收入能力來消費，很少有人會特別留意一年多後，還要額外把一部分的收入繳給政府。俗話說：「放進口袋的錢就不會想拿出來了！」

先看看有錢家庭怎麼做？

根據美國財務顧問機構斯佩特蘭集團（Spectrem Group），每年針對5,000個有錢人家庭，調查他們關於財富的目標，結果如圖表0-2：

從圖表0-2可以發現，即使是有錢人，對於人生的財富目標與憂慮，和一般人沒有太大的差別。即使他們坐擁千萬、億萬財富，

圖表 0-2　5,000 個有錢家庭的財富目標

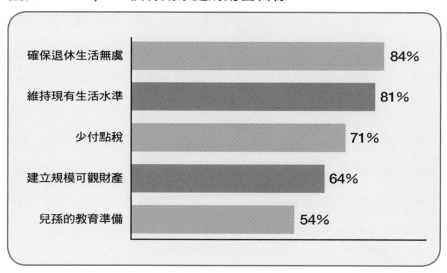

確保退休生活無虞　84%
維持現有生活水準　81%
少付點稅　71%
建立規模可觀財產　64%
兒孫的教育準備　54%

仍然希望退休生活無虞、繼續維持現有的生活水準，而且一樣重視小孩的教育發展。

　　許多人一定質疑，這些有錢人所賺的錢，不是三輩子都花不完嗎？怎麼還會擔心自己的退休生活？真相是，大多數的有錢人是企業家，對他們來說經營一個龐大的組織企業，所要面臨的風險很大，實在是如臨深淵、如履薄冰，連帶的他們對未來會發生的事，也充滿風險意識。

　　關於有錢人的 5 項財富目標中，唯一與普通人不相同的，就是「少付點稅」。已故經營之神王永慶曾說：「賺一塊錢不是賺，省一塊錢才是真正賺。你存下的錢，才是你的錢。」因為精打細算的聰明人，追求的不僅僅是財富最大化，更進一步追求「稅後財富最佳化」。

不懂節稅，富就不過三代

現在假設有個家庭三代同堂，第一代賺了 10 億，他們不做任何稅務布局，又依臺灣目前最重要的 4 種稅目：**所得稅、贈與稅、遺產稅、土地增值稅**，假設所得稅加土地增值稅合計課 20%、遺產贈與稅課 20%，以累計 40% 的稅負成本計算，再傳承到第二代只剩下 6 億，其計算如下：

税金＝所得或財產總額 × 稅率＝ 10 億 × 40%＝ 4 億
10 億－ 4 億＝ 6 億

到了第三代，再扣掉遺產贈與稅 20% 的稅負成本，只剩下 4.8 億，其計算如下：

税金＝財產總額 × 稅率＝ 6 億 × 20%＝ 1.2 億
6 億－ 1.2 億＝ 4.8 億

圖表 0-3　10 億的財產扣稅後留給子孫，誰才是最大贏家？

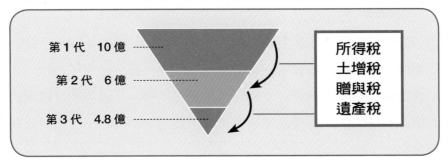

在這當中誰才是最大贏家？答案是政府。為什麼？因為第一代到第三代總共繳了稅金 5.2 億，而這些錢都被政府拿走了，其計算如下：

4 億＋ 1.2 億＝ 5.2 億

有錢人想的跟你哪裡不一樣？

同樣根據斯佩特蘭集團每年針對 5,000 個有錢家庭，調查他們資產的配置，結果如圖表 0-4。

這邊要說明一下，有價證券及私有事業的差異。假設你手中有鴻海的股票，對你來說這就是有價證券，但如果你是郭台銘，這些股票就屬於私有事業。也就是說，你持有的股票，正好是你正在經

圖表 0-4　5,000 個有錢家庭的資產配置

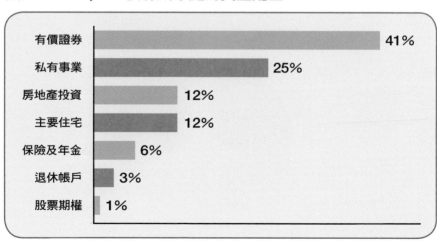

有價證券	41%
私有事業	25%
房地產投資	12%
主要住宅	12%
保險及年金	6%
退休帳戶	3%
股票期權	1%

營的事業，即私有事業，其他公司的股票就應該當作有價證券。

股票期權是指大公司激勵員工所發行、可在一定期限內以事先約定的價格購買公司股票的權利；另外，限制性股票指公司按照預先確定的條件授予員工一定數量的公司股票，如工作年數或業績目標符合激勵計劃規定條件的，股票就會解鎖，即可以處置該股票。只要公司的股價上漲，員工就能有越高的獲利，即利潤共享的概念，就像以前竹科人就是靠這種股票期權成為電子新貴。

個人退休帳戶簡稱 IRA（Individual Retirement Account），是美國政府投資輔助工作的民眾享有稅負優惠的儲蓄帳戶。這類似臺灣的勞工退休金，顧名思義指的是勞工退休後可以領取的退休金，在綜合所得來源類別中叫做退職所得（詳見第一章第 1 節）。

從上頁圖表 0-4 可知，有錢人的資產配置以 3 種類別最多：有價證券、私有事業、不動產，3 類金額大約各占 1 ／ 3。以臺灣來說，這 3 種財產近幾年應該關注的相應稅務有（見圖表 0-5）：

圖表 0-5　股票基金、私人事業、不動產對應的稅務

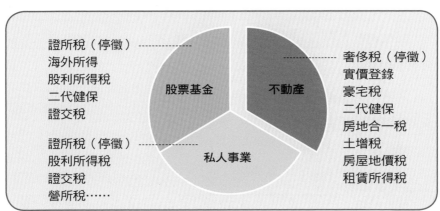

1. **股票基金（有價證券）**：海外所得（最低稅負制）、證券交易所得稅（目前停徵）、股利所得稅、二代健保、證券交易稅等。

2. **私人事業（所營事業股票或資本）**：證券交易所得稅（目前停徵）、股利所得稅、財產交易所得稅、二代健保、證券交易稅、營利事業所得稅等。

3. **不動產**：土地增值稅、房屋稅、地價稅、租賃所得稅、奢侈稅（目前停徵）、實價登錄實價課稅、豪宅稅、房地合一稅、二代健保等。

看完有錢人的資產配置後，領薪水的上班族又該怎麼做？我們可以從現金流動（見下頁圖表0-6），來思考相關的稅務議題，例如：現金的流動、使用、移轉、處分與再利用等。

關於節稅，薪水族該怎麼做？

事實上，臺灣很多有錢人理財規劃的首要重點，不在於增加資產，而是先想辦法少繳稅。關於節稅，有3大心態跟讀者分享：

1. 不管收入高或低，都要了解稅法的基本規定，不讓自己合法節稅的權益睡著。

2. 多學習有錢人怎麼節稅、看看有錢人跟你有什麼不一樣。

3. 該節的稅就盡量節，不用跟政府客氣！

我這幾年當會計師，遇到最多關於節稅與報稅問題，就是許多人不知道如何「合法」節稅。像是明明知道有列舉扣除額可以利用，

卻懶得蒐集憑證，用最簡單的標準扣除額，讓自己白白繳稅。

　　還有，搞不清楚扣除額中哪些可以扣、哪些不能扣，包含植牙、美白牙齒、坐月子可以列舉扣除嗎？社團入會費，或是去廟裡捐贈香油錢，甚至安太歲、點光明燈算不算捐贈？或是到底該捐多少錢給社福機構抵稅，才不會白白繳錢給政府……。

　　另外，若工作是講師或業務員，常搞不清楚自己的收入該申報

圖表 0-6　從現金的流動分析稅目

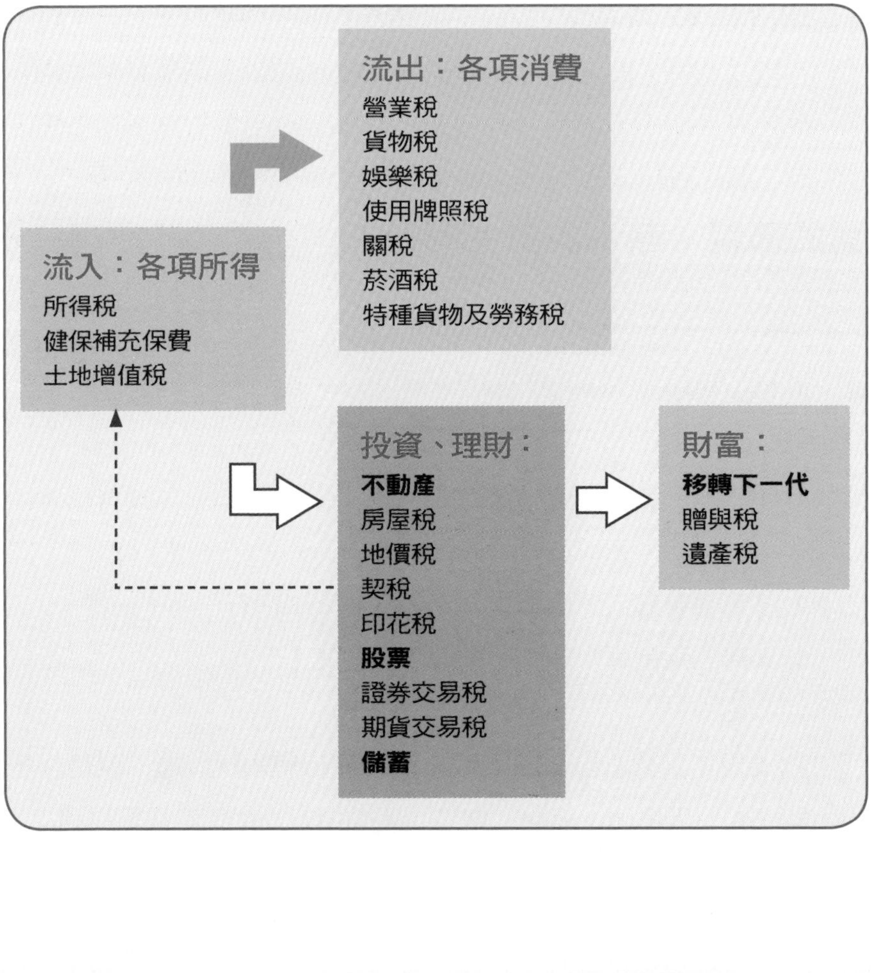

流出：各項消費
營業稅
貨物稅
娛樂稅
使用牌照稅
關稅
菸酒稅
特種貨物及勞務稅

流入：各項所得
所得稅
健保補充保費
土地增值稅

投資、理財：
不動產
房屋稅
地價稅
契稅
印花稅
股票
證券交易稅
期貨交易稅
儲蓄

財富：
移轉下一代
贈與稅
遺產稅

執行業務所得還是薪資所得；包租公、包租婆不知該如何節稅；經常國內外飛來飛去的人沒有就源扣繳的概念；股票族常問要用個人持有股票、還是用公司持有股票比較節稅等。

　接下來，當年紀漸長、小孩大了，卻不知道該如何安全的把財富傳承下去。包括太晚才開始執行分年贈與；思慮不夠長遠，以為贈與不動產一定能節稅；誤以為生前拚命把錢匯至海外，國稅局一定查不到；生重病後，才擔心自己的財產要不要繳遺產稅，甚至為了節遺產稅就隨意搬錢，亂做規劃。

　還有，等買賣房子之後，才知道有一生一次、一生一屋與重購退稅的優惠可以節稅；政府實施房地合一稅後，到底影響我們多少……因此本書分成 4 大章節，個別為大家一一解析個人所得稅、遺產稅、贈與稅以及不動產等稅務重要規定，要用什麼策略及工具，才能有效節稅。我也在當中整理許多表格及案例，將原本繁雜難懂的稅法，透過故事來讓各位了解並應用，做好節稅的布局！

第一章

讓錢流進來，再也不出去
——個人所得稅篇

賺錢管道百百種，政府最愛這10種
〈綜合所得來源類別〉

　　曾聽聞 5 月的景氣及房市通常不太好，情侶也會減少出門約會的次數；也有人用「五窮六絕」來形容每年 5 月與 6 月的景氣，指一年 12 個月中，資訊硬體的產製、代工訂單、營收等方面，在 5 月及 6 月時會呈現最低迷的狀況，也就是所謂的淡季及度小月。

　　為什麼上述情況都在 5 月發生？原因恐怕都跟繳稅有關。5 月，是一年一度報所得稅的季節，民眾擔心繳了稅後荷包失血，連帶的不想消費與看屋，可見繳稅的影響力非常大。

　　在了解如何節稅之前，首先得認識綜合所得稅是什麼。產生所得的類別五花八門，《所得稅法》第 14 條將其歸類成以下 10 大類別（見下頁圖表 1-1）：

　　1. 營利所得：就是經營事業所獲利的所得，從自己獨立經營的獨資行號、跟人合夥的合夥事業盈餘，到開公司賺錢的股東盈餘分配（股利），甚至自己是股東卻沒實際參與經營決策的公司股利分配，都歸類成營利所得。

　　2. 執行業務所得：通常是師字輩經營事業的獲利所得，如會計師、律師、醫師、建築師等，很多都有 30% 左右的成本費用可以減除，第一章第 6 節有較詳盡的說明。

圖表 1-1　綜合所得 10 大來源

綜合所得類別	注意事項
1. 營利所得	股利、獨資合夥分配盈餘。
2. 執行業務所得	有成本費用可減除。
3. 薪資所得	勞工薪資自提 6％ 免稅，有「定額減除」或「舉證減除」費用可減除。
4. 利息所得	公債等分離課稅 10％。
5. 租賃及權利金所得	有成本費用可減除。
6. 自立耕作漁牧林礦的所得	有成本費用可減除。
7. 財產交易所得	房屋交易留意實價登錄。
8. 競技、競賽及機會中獎之獎金或給與	有成本可減除，分離課稅者不可減除。
9. 退職所得	有定額免稅金額。
10. 其他所得	有成本費用可減除。

　　3. **薪資所得**：最多人也是最基本的所得來源，就是薪資所得。

薪資所得＝薪資收入－$\begin{cases} 薪資所得特別扣除額 \\ 舉證減除費用 \end{cases}$ 二擇一，從高減除

　　薪資所得特別扣除額為 20 萬，舉證減除費用包括職業專用服裝費、進修訓練費、職業上工具支出，每項上限為薪資收入的 3％，共 9％，詳細說明及舉例請見 87 頁。

　　特別要提醒的是，公司在每個月發薪水給員工時，雇主最低必

須提撥薪水的 6%，到每個人的勞工退休金帳戶（按：屬勞退新制，即使未來該名勞工換工作，該帳戶也會一直跟著勞工，而帳戶金額屬於勞工所有，但必須年滿 60 歲才能領出來，最新規定可上勞保局網站查詢）。除此之外，員工還可以自行選擇從每月薪水中自願提繳最多 6%（勞退自提），到勞工退休金帳戶，而且**自提的部分全部免稅**。

由於薪資自願提繳的部分，可以從當年度個人綜合所得總額中全數扣除，一直到請領退休金時才須併入所得課稅，等於可以享受遞延稅負的效果，減稅又能加快退休儲蓄。勞保局曾統計，目前全國選擇勞退自提的薪水族比例不到 10%，而且大都是高薪者較有意願自提，因為他們知道這種做法使節稅效果更明顯。

假設你現在月薪 4 萬，如果每月自提 6%，那一年就提繳 2.88 萬到你的退休金帳戶，其計算如下（為簡化，實際須視投保薪資級距計算）：

> 4 萬 × 6% × 12 個月＝ 2.88 萬

然後，當年度的薪資所得總額為 48 萬，扣掉 2.88 萬的勞工退休金後，剩下的 45.12 萬，才須納入綜合所得總額，其計算如下：

> 當年度所得總額＝月薪 × 12 ＝ 4 萬 × 12 ＝ 48 萬
> 48 萬－ 2.88 萬＝ 45.12 萬

原本你的月薪 4 萬，當年度的薪資所得為 48 萬，適用稅率為 5%

（見圖表 1-2），所以你要繳 2.4 萬的稅，但如果你每個月自行提撥 6%，一整年的薪資所得就變為 45.12 萬，只要繳稅 2 萬 2,560 元，馬上省了 1,440 元。如果你的薪資越高，當然省得更多，計算如下：

$$480,000 \times 5\% = 24,000$$
$$451,200 \times 5\% = 22,560$$
$$24,000 - 22,560 = 1,440$$

　　因此，即使你是小資族，也能夠靠自提勞工退休金的方式，達到節稅與退休規劃的目標。

　　4. **利息所得**：凡公債、公司債、金融債券、各種短期票券、存

圖表 1-2　2020 ～ 2021 年申報綜合所得稅課稅級距、累進稅率及累進差額

級別	課稅級距	稅率	累進差額
1	0 ～ 540,000	5%	0
2	540,001 ～ 1,210,000	12%	37,800
3	1,210,001 ～ 2,420,000	20%	134,600
4	2,420,001 ～ 4,530,000	30%	376,600
5	4,530,001 以上	40%	829,600

單位：新臺幣。

款及其他貸出款項利息之所得。其中，公債包括各級政府發行之債票、庫券、證券及憑券。短期票券指期限在一年期以內之國庫券、可轉讓之銀行定期存單、銀行承兌匯票、商業本票及其他經目的事業主管機關核准之短期債務憑證。上述這些利息所得，除存款利息應併入所得計稅之外，其他採分離課稅，按 10% 扣繳稅款後，不再與個人綜合所得稅合併計算。

　　另外，關於銀行存款，若一戶一年約有 2,700 萬元以下的存款，以目前銀行存款利率 1% 計算，這份利息所得應該都可以不用繳稅（第一章第 4 節會詳細解說原因）。

　　5. 租賃及權利金所得：把有形或無形的資產租借或授權給別人使用，而獲取的收入。也就是包租公、包租婆的收租賃所得，以及發明家的專利收權利金所得。雖然收房租、發明看起來輕鬆容易，但維護房屋及研發皆須耗費精力，所以有成本費用可以讓房東或權利金授權人減除（第一章第 7 節有較詳盡的說明）。

　　6. 自力耕作漁牧林礦的所得：這一看就知道針對農夫、漁夫、牧場主人、森林主人、礦場主人的經濟行為。全年收入減除成本及必要費用後之餘額，為所得額。

　　7. 財產交易所得：財產及權利因交易所取得的所得。主要指買賣不動產的獲利所得，以前只有房屋的買賣部分要繳稅，但在 2016 年開始實施房地合一稅，針對土地獲利的部分也要開始繳稅了。

　　另外提醒一點，過去許多人買賣房屋有獲利，不是沒去申報這

筆財產交易所得，就是申報金額比實際金額少很多，以高報低。會這麼做的原因，無非是認為國稅局不可能知道買賣雙方實際成交的金額。

然而，自從 2012 年 8 月開始實施買賣不動產移轉登記，規定房地產買賣完成，並完成所有權移轉登記的 30 天內，須主動至地政事務所或線上申報登錄實際成交價（簡稱實價登錄）後，就經常有納稅義務人收到國稅局的通知，提醒如果實際售屋獲利金額與申報不符的話，必須來國稅局自動補報補繳稅。收到這樣的公文，想必知道，國稅局大概早已掌握你所賣房屋附近的成交行情了吧！

那如果是買賣預售屋呢？預售屋的紅單轉讓獲利也屬於財產交易所得，國稅局現在針對這塊金額較大的，會函查建商，請各位小心為上。

（按：部分建商在還沒取得建照前，會先開放部分戶數，以低於公開市價的價格提供給特定客戶預訂，來營造新建案熱銷的情境。這些擁有預購權的人，都要先繳一筆幾萬塊的訂金給建商或代銷公司，接著他們會收到預售屋買賣權利預約單作為優先承購的證明。一般的預約單是紅色，故業界皆稱它為紅單。）

8. 競技、競賽及機會中獎之獎金或給與：指的是參加各種競技比賽及各種機會中獎之獎金或給與，其中所支付的必要費用或成本，得檢據申報核實減除。然而，屬於政府舉辦之獎券中獎獎金，必須扣繳稅款，但不合併計入綜合所得總額。

舉例來說，公益彩券的中獎人如果是個人（不論是居住在中華民國境內之個人，或並非居住在中華民國境內之個人），中獎獎金

不超過新臺幣 5,000 元者，免予扣繳，但若是獎額超過新臺幣 5,000 元者，應按給付全額扣取 20%。另外，因公益彩券是政府發行，所以採取分離課稅，不必再計入綜合所得總額申報課稅，而**所扣繳的稅款也不能夠抵繳或申請退還**。

9. **退職所得**：包括退休金、資遣費、退職金、離職金，以及終身俸等。有兩種領取方式，分為一次領取，還有分期領取。

目前國稅局規定，一次領取「18 萬 × 年資」金額者以下不用繳稅，而「18 萬 × 年資～ 36.2 萬 × 年資」金額者，只要半數計入所得額即可，若是超過「36.2 萬 × 年資」則全數為所得額。

假設李先生於 2020 年 3 月退休，他服務的年資是 19 年 8 個月，退職服務年資非為整數時，其尾數未滿 6 個月，以半年計算，如尾數已滿 6 個月，則以 1 年計算，因此在計算李先生可以適用的退職所得免稅額時，退職年資即為 20 年，他一次領取的退休金是 500 萬，那該如何計算應稅之退職所得？

首先以國稅局規定的計算方式來看的話，18 萬 × 20 年年資＝ 360 萬，所以 360 **萬以下的退休金免稅**。而 36.2 萬 × 20 年年資＝ 724 萬，李先生一次領取的退休金為 500 萬，落在 360 萬至 724 萬之間，得半數計入所得額，因此李先生的退休金 500 萬扣掉免稅額 430 萬，相當於他應稅的退職所得額為 70 萬，其計算如下：

退休金免稅額＝（18 萬 × 20 年）＋（500 萬－ 360 萬）÷ 2
＝ 430 萬

退休金應稅額（計入退職所得金額）＝ 500 萬－ 430 萬＝ 70 萬

另一種方式為分期領取，若你選擇分期領取，則每年有 78.1 萬可以減除，以全年領取總額，減除 78.1 萬後的餘額為所得額。假設李小姐於 2020 年 4 月退休，申請分 10 年領取退休金，每年平均領取 80 萬，那該年應該計入的所得額為 1.9 萬，其計算如下：

> 退休金應稅額（計入退職所得金額）＝全年領取總額 80 萬－每年免稅額 78.1 萬＝ 1.9 萬

這些定額免稅數字會跟隨物價指數調漲，而每年財政部都會公布，若有疑慮可以上財政部網站查詢。

10. **其他所得**：在所有所得中，這條最狠，反正不屬於以上 9 項類別者，都算其他所得。意思就是，**《所得稅法》沒特別跟你說免稅的項目，都要繳稅**。當然為了公平起見，如果你手中取得某個所得的成本費用憑據，即可減除。

我把上面 10 大類別的所得，整理成圖表 1-1（見 34 頁），每一項的右側是提醒你應該特別注意的事項，後面章節會再詳細說明。

如何節省個人所得稅？你得事先布局

當然，繳綜合所得稅，並非很單純的把當年度所賺到的錢，直接乘以適用的稅率（見 36 頁圖表 1-2），政府不可能這麼狠，而是會針對每個家庭不同的情況，例如你要扶養多少家人或是老人？孩

子是不是讀大學？有沒有買保險？或是生病了需要醫藥費等，送你一些免稅及可以扣除掉的額度，我們稱為免稅額或扣除額，以下章節會陸續介紹。

常用的綜合所得稅計算公式如下：

所得淨額＝所得總額－免稅額－一般扣除額（標準或列舉）－特別扣除額－基本生活費差額

應繳稅額＝所得淨額 × 適用稅率－累進差額－扣繳稅額－可扣抵稅額－可抵減稅額

此公式不用多花時間了解，因為目前都有電腦程式提供試算，報稅人只要填入資料即可，政府也會幫你試算。

從以上綜合所得稅的公式來看，想要節省個人所得稅金，最快的方法有以下 2 種：

1. 減少會被政府課稅的所得額。

2. 增加政府承認可以抵稅的扣除額。

後續章節會分享如何減少所得額，以及增加扣除額的細節。

● 節稅小辭典

　1. 分離課稅。

將某部分所得排除於每年合併申報的所得總額之外，另外

（續下頁）

單獨以某一定的稅率來計算並課稅。分離課稅大都以所得來源扣繳方式課稅，即在所得發生時，由所得給付人依一定的稅率預扣所得稅。納稅義務人在扣繳稅額後，就不需要再將這筆收入併入綜合所得總額中申報。

2. 累進差額。

累進稅率是把所得以高低分段課稅，而累進差額是速算時用的。

臺灣的個人（居住者）所得稅率分成 5％、12％、20％、30％、40％，依你的所得淨額來分段決定稅率，不過並不是你的淨額落在 12％，就代表你繳的稅全部是 12％。假設所得淨額是 60 萬，稅率要分成 2 段來計算，其中的 54 萬是用 5％ 計算，剩下的 6 萬用 12％ 計算。這就是累進稅率的概念。

國稅局為了大家計算方便（速算），所以直接幫你算好累進差額，只要把 60 萬 ×12％－累進差額 37,800 就可以得到要繳納的稅金了。

那麼累進差額 37,800 是怎麼計算出來的？

因為第一個稅率級距 540,000 只課 5％，如果用速算法直接把所得額乘下一段稅率 12％，那麼 540,000 就多乘了 7％，這就是累進差額，數學計算如下：

$$540,000 \times (12\% - 5\%) = 37,800$$

每逢報稅倍思親，5月孝子特別多
〈關於免稅額、扣除額〉

「每逢佳節倍思親。」這句話用在節稅也是如此，每到 5 月更是孝子孝女特別多，許多家庭都會引發拉父母報稅的搶人大戰。有些人平時認為扶養親屬是累贅，到報稅時一個老人就是一個寶，但這也是人之常情，因為他們知道扶養親屬有免稅額，可以節稅。

每個人都有最基本的免稅額及標準扣除額可以扣除。申報戶裡有幾個人就有幾份免稅額。依現行規定，未滿 70 歲的納稅義務人、配偶，每人免稅額 8.8 萬；若家中有超過 70 歲以上的老人，就會給比較高的免稅額──13.2 萬。

扣除額的部分比較複雜，共有三種扣除額：標準扣除額、列舉扣除額、特別扣除額。

標準扣除額或列舉扣除額是二擇一，如果你嫌麻煩，或是平時沒有很多列舉扣除額所條列的那些花費（包含保險費、醫藥費、生育費、房貸利息、房租、捐贈、災損），就用標準扣除額，單身的扣除額是 12 萬，有配偶者加倍扣除。其實現在大家都用網路申報，只要使用政府的申報軟體把數字輸入進去，軟體就會自動幫你列出扣除後稅金最少的方式。

特別扣除額，顧名思義就是除了標準或列舉扣除額二選一後，額外再特別讓你扣除的費用項目。下頁圖表 1-3 整理了 2021 年申報的免稅額、扣除額一覽表，方便讀者快速對照。

圖表 1-3　2021 年免稅額、扣除額一覽表
（2020 年度的所得，2021 年 5 月申報適用）

免稅額	納稅義務人、配偶及受扶養親屬				8.8 萬
	年滿 70 歲以上 （本人、配偶、受扶養直系尊親屬）				13.2 萬

扣除額	標準扣除額	單身	12 萬	或 列舉扣除額	捐贈	≤綜合所得總額 20%、政府 100%
					保險費	人身險 2.4 萬／人 健保 100%
		有配偶者	24 萬		醫藥及生育費	核實 100%
					災害損失	核實 100%
					購屋借款利息 房屋租金	30 萬／戶 }二擇一選高者 12 萬／戶
	特別扣除額	薪資所得				定額 20 萬／人，或特定費用：薪資所得 × 9%（每項收入限額 3%，3 項共 9%）
		儲蓄投資				27 萬／戶
		身心障礙				20 萬／人
		教育學費（經教育部認可之國內外大專以上子女）				2.5 萬／人
		財產交易損失				≤當年度財產交易所得；3 年內可抵
		幼兒學前（5 歲以下子女）				12 萬／人
		長期照顧				12 萬／人
基本生活	基本生活費用差額　金額調升					18.2 萬 × 人數─比較項目合計數
投資新創	個人投資新創事業公司　新增					投資金額 50%

　　通常財政部會因為消費者物價指數及衡量國民經濟情況，反映人民實質納稅能力，或是為了特殊政策目的，而依據法律規定調整稅負。

　　包括綜合所得稅課稅級距金額、免稅額、標準扣除額、薪資所得特別扣除額、身心障礙特別扣除額……財政部會依據《所得稅法》相關規定，每遇到消費者物價指數較上次調整年度之指數，上漲累計達 3% 以上時，按上漲程度調整。

用列舉扣除還是標準扣除？你至少要花一年布局

　　再回到前言提到的那對情侶，年收入 80 萬的女生，選擇了標準扣除額 12 萬，再扣掉免稅額 8.8 萬，還有薪資特別扣除額 20 萬，綜合所得淨額為 39.2 萬。因低於 54 萬，所以乘上 5% 的稅率，她要繳綜合所得稅 1.96 萬，其計算如下：

> 稅金＝（80 萬－ 12 萬－ 8.8 萬－ 20 萬）× 5%＝ 1.96 萬

　　而年收入 100 萬的男生，之前貸款買了一棟約 1,000 萬的房子，所以有購屋借款利息扣除額 20 萬，還有好幾張保單，因此有保險費扣除額 2.4 萬，加起來 22.4 萬，比標準扣除額 12 萬還多，所以他選擇了列舉扣除額。

　　另外他還申報扶養了母親，又多了受扶養親屬 8.8 萬的免稅額，以及媽媽的保險費扣除額 2.4 萬，還有他自己納稅義務人本人的免稅額 8.8 萬及薪資特別扣除額 20 萬，計算下來他的綜合所得淨額為

37.6 萬。同樣因低於 54 萬，所以乘上 5% 的稅率，男生最後只要繳 1.88 萬的綜合所得稅，其計算如下：

稅金＝（100 萬－ 20 萬－ 2.4 萬－ 8.8 萬－ 2.4 萬－ 8.8 萬－ 20 萬）× 5%＝ 1.88 萬

　　看出差別了嗎？男方雖然收入比女方高，卻比女方少繳 800 元的稅，關鍵就在於他選擇了列舉扣除額。至於這些列舉扣除額，絕非在要報稅時馬上就能發生，你必須在前一年就做好規劃，而這就是本書一直強調的「節稅的布局」。

你有正當收據，政府就會放過你
〈列舉扣除額〉

　　有一位客戶每年快到年底時，都會特別問我：「今年我可以捐多少錢？」一般人可能認為，捐錢不就是看經濟能力的多寡以及貢獻的愛有多大嗎？為何要先問會計師呢？然而，這位客戶知道，捐贈是列舉扣除額的項目之一，增加捐贈扣除額可以有效節稅，但是有一定的金額限制。而且他希望所捐的每一分錢都正好拿來抵稅，不多也不少，所以每年都要先推算，自己的年所得狀況可以抵多少捐贈金額。

　　提到列舉扣除額，依照《所得稅法》第 17 條第 1 項第 2 款第 2 目之規定，除了捐贈金額可以抵，還有保險費、醫藥及生育費、災害損失、房貸利息、房租等費用。

用捐贈抵稅的 6 大類別

　　有許多人因所適用的所得稅率高（賺太多錢，稅率當然高！），寧願把錢捐給慈善機構，也不願多繳稅給政府。更棒的是，捐贈除了可以節稅，還可同時得到利他愛心的美名及付出貢獻的成就感。

　　由下頁圖表 1-4 可以看出，同樣是綜合所得 500 萬，但捐 100 萬給慈善機構，跟沒有捐錢相比，節省了 32.62 萬稅額。可見捐贈確實可以有效節省稅負。

　　然而，可以抵稅的捐贈項目種類繁多，各個扣抵的規定上限皆不相同，導致民眾經常搞錯認列方式，或時有所聞有人虛報捐贈金額，遭國稅局要求補稅罰款，因此認識捐贈類別非常重要。一般捐贈類別分為 6 種：

　　1. 教育、文化、公益慈善機關團體、公益信託：只要捐贈的對象有經過主管機關登記立案，皆可以列舉捐贈扣除，不過有金額的上限，不得超過綜合所得總額的 20%。另外，2019 年起綜合所得額

圖表 1-4　捐贈可以有效節省稅負

捐贈方式	無任何捐贈	捐給一般公益團體
綜合所得總額（其中薪資所得已減薪資特別扣除額）	5,000,000	5,000,000
－（免稅額＋標準扣除額或不含捐贈之列舉扣除額）	208,000	208,000
－捐贈列舉扣除額	0	1,000,000
所得淨額	4,792,000	3,792,000
稅率	40%	30%
累進差額	829,600	376,600
應納稅額	1,087,200	761,000
節稅金額	0	326,200
淨現金流出	1,087,200	1,761,000

※所得淨額稅率詳見 36 頁圖表 1-2。

中，如有薪資收入，則其薪資收入係以薪資收入減除「薪資特別扣除額」或「舉證費用核實金額」之餘額為所得額，故此一修法會使捐贈限額受影響。

2. 政府、國防、勞軍：根據《所得稅法》第 17 條規定，把錢捐給政府、國防、勞軍並不受金額限制，均可核實認列，這樣一來你才會願意多捐點。

3. 具文化價值文物、古蹟維護：依《文化資產保存法》規定，出資贊助維護或修復古蹟者，均可核實認列，跟捐給政府一樣無上限。

4. 政黨、政治團體、擬參選人：每年選舉時刻，許多民眾會捐贈「政治獻金」給政黨或參選人。政治捐獻的規定很複雜，依《政治獻金法》規定，原則上扣除限額比例是綜合所得總額的 20％，且對政黨的捐贈，其得票率要超過 1％ 者才能計入列舉扣除額。該年度未辦理選舉者，以上次選舉的得票率為準。最近一次選舉得票率 1％ 以上的政黨，包括民主進步黨、中國國民黨、台灣民眾黨、時代力量、親民黨、台灣基進黨、綠黨、新黨、一邊一國行動黨。其餘政黨，即使民眾好心捐贈，也不能列報扣除，詳見下頁圖表 1-5。

5. 私立學校：基本上捐給私立學校的扣除限額比例，是綜合所得總額的 20％，但根據《所得稅法》規定，透過「私立學校興學基金會」這個機構代捐，並指定要捐給哪所私立學校，扣除額的限制可以提高至綜合所得總額的 50％，如果不指定捐給哪間學校，則可

圖表 1-5　2020～2021 年捐贈政黨、政治團體、擬參選人的金額限制

對象		每年捐贈金額限制	
		個人	營利事業
捐贈對象限制	同一擬參選人	10 萬	100 萬
	不同擬參選人	30 萬	200 萬
	同一政黨、政治團體	30 萬	300 萬
	不同政黨、政治團體	60 萬	600 萬
申報所得稅限制	對政黨、政治團體及擬參選人	選擇列舉扣除額者才能適用。每一申報戶每年捐贈扣除總額，不得超過各申報戶當年度申報綜合所得總額 20％，其總額也不可以超過 20 萬。	當年度費用或損失。可減除金額，不得超過所得額 10％，其總額並不得超過 50 萬。有累積虧損，而且尚未依規定彌補之營利事業不適用。

以全額抵扣，沒有金額限制。

6. **公立學校**：公立學校算是政府的組織單位，扣除金額一樣沒有上限，所以很多企業家會大手筆捐建一棟圖書館給學校，除了出自善心，其實也是一種節稅的布局。

我將上述 6 種捐贈類別整理成圖表 1-6，方便讀者快速理解。在這裡還是必須特別提醒，若民眾以「非現金財產」捐贈政府、國防、勞軍、教育、文化、公益、慈善機構或團體者，申報捐贈列舉扣除

金額的計算，除了符合法律另有的規定之外，原則上應依「實際取得成本」為準，如果虛報捐贈金額，會被國稅局補稅罰款。

　　了解上述捐贈種類及列舉扣除額的規定，也許你會問：繳社團

圖表 1-6　捐贈列舉扣除額規定

捐贈列舉扣除額規定		
捐贈類別	扣除額限制	特別注意
教育、文化、公益慈善機關團體、公益信託	不得超過綜合所得總額的 20%。	捐贈對象須經主管機關登記立案所成立。
政府、國防、勞軍	不受金額限制。	
具文化價值文物、古蹟維護	不受金額限制。	依《文化資產保存法》規定出資贊助維護，或者是修復古蹟者。
政黨、政治團體、擬參選人	不得超過綜合所得總額的 20%。每年申報金額不得超過 20 萬元。若捐贈同一擬參選人上限 10 萬，其他詳見左頁圖表 1-5。	1. 擬參選人未參選或經撤銷不得扣除。 2. 政黨在當年或上次立委選舉得票率未達 1% 者，不得扣除。
私立學校	不得超過綜合所得總額的 20%。透過「私立學校興學基金會」代捐，並指定學校捐贈，以綜合所得總額 50%為限。透過私立學校興學基金會，但不指定學校捐贈，則不受金額限制。	
公立學校	不受金額限制。	

入會費、或是去廟裡捐贈香油錢，甚至安太歲、點光明燈算不算捐贈？以下介紹常見的捐贈列報錯誤情況：

1. 入會費：

許多參加國際扶輪社或獅子會的朋友都以為，所屬社團是公益性質的，所以繳給社團的錢都可以當作捐贈扣除。其實會員、社員繳交的年費、入會費等性質的款項，屬於組織營運所需支出，不一定用在公益捐贈上，故不屬於捐贈性質。

我身邊真的就有扶輪社友表示曾被國稅局挑出來剔除過，因此正確的做法，應該明確分出哪些是捐贈性質，而且要留有收據，才能安全抵稅。

2. 安太歲、點光明燈：

王媽媽每個月都會去廟裡拜拜，有時候會捐點香油錢，每年更是依照廟方建議，幫家人安太歲及點光明燈，並認為只要是廟方給的收據，都能拿去抵捐贈扣除額，但其實這是有問題的。

實際上，部分民眾無償捐贈合法立案的寺廟，如捐贈香油錢並取得收據，可以列舉扣除，但金額同樣不能超過所得額的 20％。但是在寺廟安太歲、點光明燈、文昌燈、設塔位等祈求順遂福氣，因具有對價關係（按：從法律上看，是一種等價有償的允諾關係）之支出，並不屬於無償捐贈性質，所以不得列報捐贈扣除額。

3. 捐贈協會節稅：

吳先生從 2006 年到 2009 年，每年皆捐贈約 20 萬至 30 萬給

○○研究暨推廣協進會，並於申報綜合所得稅時，列舉該捐贈金額打算扣除。而該協進會宗旨為發揚保險互助精神、培植保險管理人才，以及促進國際間保險知識交流、提升保險業形象，使保險業蓬勃發展……捐款者還可以參加聯誼及學習該協進會所舉辦的課程。

　　然而，國稅局查核該協進會的支出項目，大多數為業務推廣費、會議費、汽車修繕費、燃料費、聯誼活動費等，其中業務推廣費的內容實為：花費海內外旅遊住宿、禮品、餐飲、直銷保健食品、電子產品、網路購物、商品禮券、眼鏡、珠寶、寢具用品等。這些費用大都先由會員以個人支出墊款，再申請代墊款項之核銷，因此吳先生不得以捐贈協會，列報捐贈扣除額。

4. 捐寶物、古董節稅：

　　2012 年 8 月有一則新聞標題是：「捐龍袍節稅，律師虧千萬。2.1 億文物貶為 2,700 萬」，這則新聞表示，有位許律師在 2004 年時，與翁姓文物收藏家協議「捐寶節稅」，由許律師支付 1,600 萬給翁姓收藏家，翁姓收藏家再把清朝道光皇帝的龍袍等文物捐給國父紀念館，讓許律師以捐贈人名義申報抵稅。

　　但之後監察院調查發現，民眾低價取得少數民族服飾，捐贈國父紀念館，卻聲稱價值高達新臺幣 2.1 億，館方未詳查就直接發高額鑑價證明書，讓民眾以「假捐贈之名，行漏稅之實」，教育部及國父紀念館遭到糾正。國父紀念館表示，後來核發的文物捐贈證明為 2,780 萬，捐贈人內部也不同調，想要撤銷捐贈，最後法院則判國父紀念館勝訴。

　　由此可知，當初翁姓收藏家及許律師若老老實實的以實際的文

件價值給付價金，取得的捐贈收據也是該鑑價金額，並以此金額認列抵稅，一切就沒有問題，只不過如果是這樣，許律師應該就不會花上千萬去捐獻了吧。

即使是小保險也能抵稅

我國《保險法》第 13 條規定，將保險主要分為兩大類型：「人身保險」和「財產保險」。

人身保險包括人壽保險、健康保險、傷害保險及年金保險。《所得稅法》規定，納稅義務人、配偶或申報受扶養「直系」親屬的人身保險的保險費，被保險人與要保人應在同一申報戶內，才可列舉扣除，而且**每人每年享有 2.4 萬的保險扣除額**。

但是，即使是直系血親，若子女已經成年並自行報稅，以子女當被保險人、父母為要保人的保單，則無法列舉扣除。解決辦法是將要保人更改為子女，因要保人及被保險人皆為同一人，便可在子女自己的申報戶中列舉扣除。

有人會問，如果是幫兄弟姊妹購買保險，是否能認列保險列舉扣除？答案是不行。前面也提過，因為目前只限定納稅義務人本人、配偶及受扶養直系親屬，才能被視為被保險人的保險，納稅義務人若幫其他親屬購買保險，如兄弟姊妹、姑姨叔侄等，皆不能認列保險費列舉扣除額。

另外，包括人身保險、勞工保險、國民年金保險及軍、公、教保險的保險費，加總起來也僅可享有 2.4 萬的扣除額。其中因出遊、商務出差而購買的旅遊平安險、學生平安保險、自費團體保險、意

外險，屬於人身保險範疇，民眾通常容易忽略申報。事實上這些只要檢附證明，皆可計入列舉扣除額。

（按：團體保險因保險費率較低，且可將家人一起投保，常被企業列為員工福利項目之一。只要人數在 5 人以上的團體，就能以公司、機構、福委會或者工會、公會、協會等名義跟保險公司洽談團保契約。自費團體保險，是由企業或職工福利委員會作為要保人，保費由員工自付，員工可自行決定是否加保。）

財產保險是以財產或責任當作保險標的之保險類型，因此按照《所得稅法》規定，像汽車險、住宅火險、海上保險、陸空保險等，由於屬於財產保險，非人身保險，故無法列舉扣除額。

至於全民健保的保險費及補充保費，可以全數扣除，不受 2.4 萬保險列舉扣除額上限限制。

植牙、美白牙齒、坐月子可以列舉扣除嗎？

大街小巷到處都可看到牙醫診所植牙的招牌，植牙似乎已成為民眾生活的一部分，但植牙、假牙、齒列矯正等費用，到底能不能夠列報綜所稅的扣除額？答案是不一定。

因為治療牙病，包含植牙、鑲牙、裝假牙及齒列矯正的醫療費用支出，必須是醫療所需，且檢附收據及醫師診斷書，才能列報扣除。但如果是以美容為目的的植牙支出，並不屬於醫療性質，所以不可列報扣除。

醫藥費的扣除額的定義，是指個人因身體病痛接受治療而支付的醫療費用，關鍵在於是否屬於醫療行為，所以其他像長期照顧費、

看護費、坐月子中心、美容行為消費等非醫藥費，也不得扣除。

醫藥和生育費用，以公立醫院、全民健保醫院診所、或經財政部認定者為限（**多數國術館的收據無法列報**），而且受有保險給付部分不得扣除。

地震、颱風造成的損失，別急著清理，要留收據

臺灣經常發生地震、颱風、水災，但奇怪的是申請災害損失的人卻很少，這可能是臺灣人的風險管理不足，也可能是因為不知道有這項規定、不知該如何申請，還有可能是不懂得保留受災損失的證據，更有可能是民眾純樸厚道，發生損失都自己摸摸鼻子，不好意思麻煩別人。

其實我們政府對於災害損失這塊，還滿有人情味的。

根據《所得稅法》規定，納稅義務人、配偶或申報受扶養親屬若遭受不可抗力的災害，如地震、風災、水災、旱災、火災等損失，可以申報列舉扣除，但受有保險賠償或救濟金部分，則不得扣除。而且必須於災害發生 30 天內，準備好損失財物照片及清單、原始取得憑證、保險公司鑑價損失資料、或受損財物修復取得之統一發票或收據等，申請並取得稽徵機關調查核發的證明文件。

納稅人在遭受災害損失時，千萬別因急著清理而破壞災害現場，導致喪失申報災害損失扣除的權益。像之前 815 全臺大跳電，雖然是人為疏失，政府仍同意讓民眾申請災害損失！

列舉購屋借款利息，等於幫你降房貸

　　我有位朋友是某家銀行的房貸部門主管，他常跟申請房貸的客戶說：「購屋借款利息列舉扣除額，等於降低實質房貸利率。」怎麼說？

　　假設購屋時向銀行貸款 1,000 萬，房貸利率為 2%，一年要支付銀行的利息為 20 萬（1,000 萬 × 2%）。在申報綜合所得稅時，可申報購屋借款利息 20 萬，若綜所稅的課稅級距落在 20%，當年度共可節省 4 萬的所得稅（20 萬 × 20%）。

　　而名目上銀行的貸款年利率原本為 2%，但稅後實際貸款的年利率則降成 1.6%，其計算如下所示：

> 稅後實際貸款的年利率＝（銀行利息－節稅金額）÷ 貸款本金
> ＝（20 萬－ 4 萬）÷1,000 萬＝ 1.6%

　　由此可知，民眾貸款購屋後申報綜所稅時，購屋借款利息可以透過列舉扣除額，省下為數不小的稅款，還能降低貸款利率。不過，仍須遵守相關規定，包括**房屋登記為申報戶所有，以一屋為限，並於課稅年度已在該地址辦完戶籍登記，且無出租、供營業或執行業務等使用。**

　　而申報的金額，以當年度實際支付的購屋借款利息支出，減去儲蓄投資特別扣除額後的餘額計算，扣除額不得超過 30 萬。若房屋為配偶所有，由申報本人支付的利息，須與配偶同一申報戶，才可以列報。

　　至於租屋族付的租金，扣除額規定上限是 12 萬，能列報的房租支出對象僅限於納稅義務人、配偶或申報受扶養「直系」親屬，而且僅在「境內」租屋供自住，非供營業或執行業務使用，尤其不得與購屋借款利息同時申報。因為一戶申報不是租房就是買房，如果這兩者皆可扣除，不就是政府鼓勵民眾借錢買房子作為投資嗎？

4

特別的稅給特別的你
〈特別扣除額〉

　　上一節提到，扣除額分 3 大類，可採用「標準扣除」或「列舉扣除」兩者選一，另外一個就是特別扣除額（見 44 頁圖表 1-3）。

　　特別扣除額有 7 大類，包括薪資所得特別扣除額、儲蓄投資特別扣除額、教育學費特別扣除額、身心障礙特別扣除額、財產交易損失扣除額、幼兒學前特別扣除額及長期照顧特別扣除額，從了解它進而妥善使用它，就可以省下一筆稅款。

　　1. 薪資所得特別扣除額：如果納稅義務人、配偶或申報受扶養親屬各有薪資所得，每人每年都可以扣除薪資所得特別扣除額，2020 年度為 20 萬；但如果申報的薪資所得沒有超過 20 萬，只可以扣除申報的薪資所得額。例如你在 2020 年度的薪資所得有 10 萬，那麼薪資所得特別扣除額就只能扣 10 萬，而不是 20 萬。另外，沒有薪資所得的人就不能扣除薪資所得特別扣除額。

　　2. 儲蓄投資特別扣除額：一般為金融機構的存款利息，一戶上限為 27 萬，但規定免稅的存簿儲金利息（例如郵局存款本金在 100 萬以下者，按活期儲金利率給付利息）及分離課稅的利息，不包括在內。

　　我們來推算一下，既然一戶有 27 萬的扣除額，以現在銀行存款

利率約 1% 來看，一戶裡可以有多少存款利息所得，得以全數扣除而不浪費？其計算如下：

27 萬 ÷1% ＝ 2,700 萬

一戶有 2,700 萬以內的存款，利息所得皆可全數扣除。

3. **身心障礙特別扣除額**：納稅義務人、配偶或申報受扶養親屬，若是領有身心障礙手冊或身心障礙證明（須檢附該手冊或證明影本），或《精神衛生法》第 3 條第 4 款規定的嚴重病人（指呈現出與現實脫節的怪異思想和奇特行為，導致不能處理自己事務，且經專科醫師診斷認定者），須檢附專科醫生的嚴重病人診斷證明書，不得以重大傷病卡代替，每人可減除 20 萬。

4. **教育學費特別扣除額**：申報扶養就讀大專以上院校「子女」的教育學費，每人每年可扣除 2.5 萬，若有接受政府補助，應扣除補助金額。然而，就讀空大、空中專校及五專前 3 年者不適用，因為五專的前 3 年相當於高中的 3 年，而教育學費僅准扣除就讀大專以上者。

所謂教育學費，是指按照教育主管機關規定的收費標準，於註冊時所繳交的一切費用，包括學費、雜費、學分學雜費、學分費、實習費、宿舍費等。

至於子女於國外就讀大專以上院校，是否可列報教育學費特別扣除額？納稅義務人申報扶養的子女在國外就讀大專以上的院校，

其學歷獲得教育部採認（依《大學辦理國外學歷採認辦法》公告的參考名冊所列之大專校院），或其他經過當地國政府權責機關或外國專業團體認可的大專校院，且其學籍在學年度內為有效者，納稅義務人可以檢附教育學費繳費收據影本，或其他足資證明文件，依規定列報教育學費特別扣除額。

5. 財產交易損失扣除額：每年度扣除額，以不超過當年度申報的財產交易所得為限（必須檢附有關證明文件）。如果當年度沒有財產交易所得或是財產交易所得額比財產交易損失額少，還沒有扣除的財產交易損失餘額，可以在以後 3 年度的財產交易所得中扣除。

　　舉例來說，假設你在 2020 年賣了兩棟房屋，其中有一棟賠賣，損失 10 萬，另一棟房屋賺了 7 萬，等於有財產交易所得 7 萬。那麼 2020 年的所得稅應申報計入財產交易所得 7 萬，而且同時可以申報財產交易損失扣除額 7 萬。為什麼？

　　因為根據稅法規定，**每年度的財產交易「損失扣除額」，以不超過當年度申報的「財產交易所得」為限**，也就是說，當年度的財產交易是可以不用被課稅的，所以賠賣的那間房屋原本損失 10 萬，在 2020 年已用掉 7 萬的扣除額，剩下 3 萬的損失，可以在之後 3 年內（2021 年到 2023 年），有財產交易所得的年度中申報扣除。譬如你在 2021 年也賣了一間房屋，賺了 5 萬，那麼 2021 年必須申報財產交易所得 5 萬，同時可以申報財產交易損失扣除額 3 萬。

　　6. 幼兒學前特別扣除額：以申報扶養 5 歲以下的子女為限，每人每年扣除 12 萬。但有下列情形之一者，不得扣除（即排富條款）：

（1）所得稅適用稅率在20%以上的人（以減掉此幼兒學前特別扣除額後的所得淨額計算）。

（2）夫妻薪資所得分開計稅，適用稅率在20%以上的人。

（3）基本所得額超過其規定的免稅額的人（目前為670萬）。

7. **長期照顧特別扣除額**：自2019年1月1日起，符合衛福部公告「須長期照顧之身心失能者」，每人每年可定額減除12萬元，依狀況不同，須檢附的證明文件分別如下：

（1）聘僱外籍看護：有效聘僱許可函影本。

（2）長照服務使用者：使用長照服務收據影本。

（3）住宿型機構使用者：入住累計達90日之繳費收據影本。

（4）在家自行照顧者：檢附「病症暨失能診斷證明書暨巴氏量表」影本。

不過，有三種情形之一的人即不適用（排富條款）：

（1）所得稅適用稅率在20%以上者。

（2）股利按28%單一稅率分開計算應納稅額者。

（3）基本所得額超過規定之扣除金額670萬元者。

單薪與扶養人數多者的福利——
基本生活費用免稅

2016年12月9日，立法院為了保障人民生存權及人性尊嚴，三讀通過《納稅者權利保護法》，賦予納稅者為維持自己及受扶養

親屬，享有基本生活所需費用不受課稅之權利，即免稅。而納稅者基本生活所需費用總額，超過財政部公布比較基礎各項目合計數部分（即基本生活費差額），可以從綜合所得總額中減除。

納稅者申報家戶基本生活所需費用總額之比較基礎，包括免稅額、標準（或列舉）扣除額、特別扣除額部分項目（身心障礙、教育學費、幼兒學前、長期照顧及儲蓄投資特別扣除）。

基本生活所需費用為財政部參照行政院主計機關所公布，最近一年全國每人可支配所得中位數 60％ 訂定，並於每年 12 月底前公告當年度每人基本生活所需之費用，每兩年定期檢討此金額。2019 **年度基本生活所需費用每人為 17.5 萬**，2020 **年度基本生活費用為 18.2 萬**。

總而言之，當計算方式按照當年度每人基本生活所需費用，乘以納稅者本人、配偶及受扶養親屬「人數」所計算出的基本生活所需費用總額，超過綜所稅免稅額、標準（或列舉）扣除額、特別扣除額部分項目（身心障礙、教育學費、幼兒學前、儲蓄投資及長期照顧特別扣除）合計數的金額時，可自納稅者當年度綜合所得總額中減除。因此，對於單薪所得或扶養親屬較多的家庭，比較能享有減稅利益（見下頁圖表 1-7）。

舉例來說，某納稅者是 4 口家庭，有配偶及 2 名大學子女，那麼按照財政部 2020 年度公布的基本生活費用，每人 18.2 萬，該家庭可享有 72.8 萬的基本生活費總額免稅（18.2 萬 ×4 ＝ 72.8 萬）。

因為某納稅者報稅時，享有免稅額每人 8.8 萬（納稅者及配偶均未滿 70 歲），共有 35.2 萬元的免稅額（8.8 萬 ×4 ＝ 35.2 萬），再加上有配偶者標準扣除額 24 萬，而且納稅者申報扶養就讀大專以

圖表 1-7　基本生活費差額，可以從綜合所得總額中減除

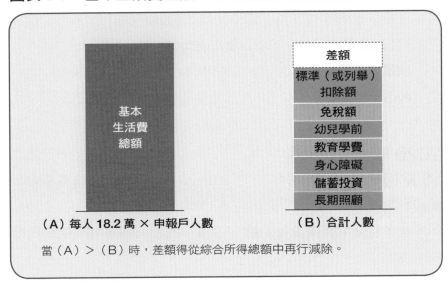

基本
生活費
總額

差額

標準（或列舉）
扣除額

免稅額

幼兒學前

教育學費

身心障礙

儲蓄投資

長期照顧

（A）每人 18.2 萬 × 申報戶人數　　　（B）合計人數

當（A）＞（B）時，差額得從綜合所得總額中再行減除。

圖表 1-8　4 口家庭可以多出 7.6 萬的基本生活費差額

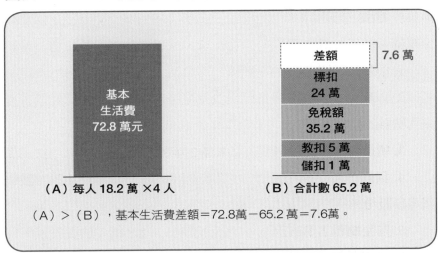

基本
生活費
72.8 萬元

差額　　7.6 萬

標扣
24 萬

免稅額
35.2 萬

教扣 5 萬

儲扣 1 萬

（A）每人 18.2 萬 ×4 人　　　（B）合計數 65.2 萬

（A）＞（B），基本生活費差額＝72.8萬－65.2 萬＝7.6萬。

上院校子女的教育學費，可扣除 5 萬的教育學費特別扣除額（每人每年可扣除 2.5 萬，2.5 萬 ×2 = 5 萬），以及儲蓄投資特別扣除額 1 萬，所以該家庭目前共有 65.2 萬的扣除額。

而基本生活費總額 72.8 萬比扣除額 65.2 萬，多出 7.6 萬，因此此案例綜合所得總額可以再多扣 7.6 萬（見左頁圖表 1-8）。

2020 年上路新制：
個人投資新創事業公司也能節稅

除了前面 7 項特別扣除額及基本生活費差額以外，申報 2020 年綜所稅時，又有一項新制上路了——個人投資新創公司，也能減少應稅所得。

依據《產業創新條例》2017 年修法增訂的第 23-2 條，以及經濟部於 2018 年另頒布的《個人投資新創事業公司所得減除辦法》規定，個人投資新創達以下條件，綜合所得額可減除：

1. 中華民國境內居住之個人。

2. 以現金投資國內高風險新創事業公司（須經過中央目的事業主管機關的核定）。

3. 所投資的新創公司須成立未滿 2 年。

4. 對同一新創公司當年度投資金額達 100 萬元，並取得該公司新發行股份。

5. 持股期間 2 年以上。

6. 檢附稽徵機關核發之「個人股東投資自綜合所得總額減除證明書」。

那麼綜合所得總額減除金額如何計算？若符合以上條件，得就投資金額的 50% 限度內，自持有期間屆滿 2 年的當年度個人綜合所得總額中減除，每年得減除的金額，合計以 300 萬元為限，且跨年度就無法提出了。

舉例來說，若老王在 2018 年投資新創公司 300 萬元，且持股長達 2 年（2020 年），那麼他在 2021 年申報所得時，即可減除 150 萬（300 萬 ÷2）。要注意的是，老王一旦過了 2021 年才提出，則不得減除。

而所謂的高風險新創事業公司，指自設立登記日起未滿 2 年，並符合下列條件的股份有限公司，且必須去向主管機關申請核定：

1. 其技術、創意或商業模式具創新性及發展性。

2. 可提供目標市場解決方案或創造需求。

3. 開發之產品、勞務或服務，具市場化之潛力。

5

哪些收入來源，政府可以當作沒看到？
〈免稅所得〉

一位年輕人買了 1 輛好幾萬元的自行車，才騎了幾次就意外摔車，導致肩膀斷了 4 截、肋骨斷了 2 根，在醫院躺了一個星期。

年輕人甚至開玩笑的自嘲：「這輩子終於可以深刻體會梁靜茹的那首〈會呼吸的痛〉。」因為他只要呼吸，胸腔就會擴張，進而弄痛肋骨，除此之外還有一大堆醫療費用要支付，心也很痛。

不過，當醫生問他肩膀要裝一般的鋼板支撐，還是品質較好、且以後不用拿出來的鈦合金材質時（當然後者的價位貴很多），他心想：「好在我有買保險。」

由於年輕人有保險，當他發生意外時，保險公司會替他出錢承擔，再加上保險給付可以免稅，所以他拿到的保險金也不用繳所得稅，即可放心選用最好的醫療器材及服務。

說到保險給付可以免稅，其他還有哪些所得可以免稅？最常見的有以下幾種：

1. 保險給付（含人身保險、勞工保險及軍、公、教保險）。

普遍認為從保險公司拿到的死亡理賠金，是保險給付，免納所得稅。然而，現在市場上的保險商品種類繁多，並非所有保險給付皆免納所得稅。

目前人身保險、國民年金保險、勞工保險、農民保險、公教保

險與軍人保險，都免課所得稅。對於非自願性失業的勞工來說，依據《就業保險法》第10條規定，可以領取失業給付、提早就業獎助津貼、職業訓練生活津貼，及失業之被保險人及隨同被保險人，辦理加保之眷屬全民健康保險保險費補助，上述這些因屬於勞工保險給付的範圍，也適用稅法規定免納所得稅。但仍要注意，保險公司給付的解約金、紅利等，則要計入所得課稅。

假設你往年有申報保險費列舉扣除額，之後若將保單提前解約，則應將解約金超過所繳累積保險費之溢額，併入退保年度所得補稅。至於保險公司支付的分紅紅利，因為不是屬於生老病死殘，不算是損失填補原則的保險給付，若拿到保險公司的年底分紅，還是要計入年度所得課稅。

另外，雖然保險公司給付的死亡理賠金免納所得稅，但是特定的保險給付要額外併入最低稅負課稅。

根據2006年開始實施的《所得基本稅額條例》，也就是俗稱的最低稅負制規定，應計入個人基本所得額的保險給付，只有人壽保險和年金保險這兩項，而且只有從2006年1月1日起新成立的保險契約，又符合受益人與要保人非屬同一人的情況下，受益人所領到的保險給付，才要計入最低稅負基本所得額（詳見76頁）。

這個部分又可分為「死亡給付」及「非死亡給付」兩種，若為死亡給付，同一申報戶全年所領的金額在3,330萬以下者，不用納入基本所得額計算；超過3,330萬者，則以超過部分的金額計入即可。若是非死亡給付，就要全數納入基本所得額。

舉例來說，柯先生的媽媽剛過世，柯媽媽在生前有3份人壽保險契約，要保人及被保險人皆為柯媽媽，受益人皆為柯先生。其中

保單 A 的保險開始日為 2005 年 2 月 1 日，保單 B 為 2006 年 2 月 1 日，保單 C 為 2010 年 2 月 1 日。而柯媽媽不幸在 2016 年離世，受益人柯先生獲得保單 A、B 及 C 的死亡保險給付，分別為 3,000 萬、2,000 萬與 2,000 萬，共 7,000 萬。那麼，這 3 張合約的保險給付，有多少應計入柯先生的個人基本所得額？

由於保單 A 的合約簽訂日在 2006 年以前（基本稅額條例實施日之前），所以保單 A 的給付金額不用計入最低稅負。保單 B 及 C 的死亡給付合計 4,000 萬雖然要計入，但每年每戶有 3,330 萬元可以減除，所以最終應計入基本所得額（特殊保險給付）的金額只有 670 萬。

該筆納入的金額再加其他應併入基本所得額的項目合計後，**每年每戶有 670 萬的免稅額可以扣除，扣除後再依 20% 的稅率計算基本稅額**。若基本稅額高於依照原本綜所稅計算出來的應納稅額，則再多補這差額即可。

2. 個人稿費、版稅、作曲、漫畫，以及講演鐘點費等收入。

通常個人稿費、版稅、作曲、漫畫，以及講演鐘點費等收入列為執行業務所得，但這些收入全年若**沒超過 18 萬，即可全數免稅**。若超過 18 萬，可先扣 18 萬，再減除必要成本——自行出版減 75%、非自行出版減 30%。

以某歌手為例，幾年前她的專輯大賣 22 萬張，又賣了 15 萬本的英文書，合計版稅約有數十萬美元，約新臺幣 1,500 萬。這些版稅一年只有 18 萬可以扣除，再扣減 30% 的成本費用，當年應併入綜合所得額為 1,037.4 萬，其計算如下：

$$（1,500 萬 - 18 萬）X（1 - 30\%）= 1,037.4 萬$$

3. 土地交易所得。

土地買賣有獲利，免課所得稅。中南部很多有錢人都有大筆大筆的土地，在過去，即使土地買賣賺了數千萬元，通常只要繳土地增值稅，不用再繳土地買賣價差獲利的所得稅，事實上這部分的稅務有很大的優惠，例如土地增值稅的課稅基礎，是用比市價還低很多的土地公告現值來計算，計算出來的課稅所得，金額通常都比實際的獲利金額低很多。

但是，2016年之後，開始適用房地合一稅，土地獲利所得也要繳稅了，而且是用實際的出售價格，減掉當初買進的土地成本當作課稅基礎，房屋的部分也一樣用實際獲利金額計算，稅率視持有期間長短，從15%～45%（自用住宅房地獲利金額超過400萬的部分課10%），這相當於正式進入了實價課稅的方式，要繳的稅往往比過去多很多，這在第四章將有專章討論。

4. 個人出售日常衣物家具。

網路拍賣盛行，2016年財政部發現一名15歲的少年，透過臉書向國外進貨後，再上網販賣面膜和麥克風，居然創造年營收上千萬元，便立即要求該少年補稅。

出售自己日常生活用品，像是二手書、二手家具或衣物，只要不是以營利為目的，其收入免納所得稅。但是，如果出售的物品並非屬於個人日常用品，例如前面提到的15歲少年、或偶爾從國外帶

回的商品，利用網路通路來販售（Yahoo 奇摩拍賣、PChome 線上購物、臉書、蝦皮、露天等），若當月銷售額超過 8 萬，則須辦理營業登記，繳納營業稅（按：指開發票給消費者的銷項稅額、或是進貨及與營業有關等取得發票的營業稅為進項稅額），並以當年度銷售額 6% 計算「營利所得」，併入全年所得總額，申報個人綜所稅。

5. 因繼承或贈與而取得的財產。

由於因繼承或贈與而取得的財產，已課徵遺產稅（詳見第二章）或贈與稅（詳見第三章）了，便不用再課繼承人或受贈人的所得稅了。但是以下的案例，受贈人卻被國稅局要求得繳個人所得稅。這是怎麼一回事？

盛女士經營一家很賺錢的公司，她某天獨自到深山爬山，意外跌落山谷，無奈手機沒有訊號以致無法向外求助，所幸最後遇到山中居民江老先生，讓她在自己的鐵皮屋住了一晚，等待救援。

當盛女士回家後，打算匯錢感謝江老先生，但為了節稅，自己經營的公司常年沒有分配盈餘、也沒有發太多薪水給自己，所以名下沒有多少存款，於是她用公司名義匯 200 萬給江老先生。

沒想到 3 年後，國稅局要求江老先生因取得 200 萬，必須補稅，江老先生便慌張的跑去跟盛女士說明情況，請她一起去向國稅局說明原委。不過，這時他們才知道稅法有規定，如果是受營利事業的贈與，贈與單位雖不用繳贈與稅，但受贈的個人，須將取得的財產，併入受贈年度的綜合所得稅申報，因此江老先生仍要依法補稅。但假設當初盛女士用個人名義贈與 200 萬給江老先生，兩個人便不會有課稅的問題（因低於贈與免稅額 220 萬，詳見第三章）。

6. 證券及期貨交易所得。

聽說某投資理財社團，裡面的社員個個都是股市大戶，一年靠股票或期貨交易賺到上千萬，甚至賺上億元的人，也不在少數。其中還有好幾位是一般上班族，但報稅時他們所適用的綜所稅率才 5%（就是所得淨額不到 54 萬）。這時你或許會懷疑，不是綜合所得淨額超過四百多萬元就該適用 40% 的稅率嗎？

原來，《所得稅法》第 4 條之 1 規定，證券交易所得停止課徵所得稅，證券交易損失也不得從所得額中減除，所以這些買賣股票及期貨的高手們，只要按照成交金額的 3‰，繳交少少的證券交易稅即可。

7. 傷害或死亡之損害賠償金，及依國家賠償法規定取得之賠償金。

曾有某營造公司因興建大樓損毀隔壁民眾的房屋，經土木技師公會鑑定，估計補償金額為 20 萬。後來經雙方協調達成和解，營造公司願意賠償民眾共計 50 萬。

由於受損害標的經公會鑑定補償金額是 20 萬，屬於填補民眾所受損害部分，可免納所得稅。但與營造公司賠償金額的差額 30 萬，並不屬於填補所受損害部分，而是屬於「其他所得」，應依法課徵該居民當年度所得稅，辦理扣繳申報。由此可知，只有損害賠償的性質才能免納所得稅，常見的狀況有：

● 病人與醫生因為醫療糾紛最後和解，由醫生給付病人的慰問金，如果確實屬於醫生因醫療過失，而使得病人受到傷害的損害賠償金，免課所得稅。

●依《勞工保險條例》第 72 條規定，公司沒有替員工投勞保，或投保的薪資金額少報多報，或該由公司負擔部分的保險費叫勞工自己繳納，勞工因此所受到的損失，應該由投保單位賠償給員工，勞工取得公司所給付的賠償金免納所得稅。

●勞工因受職業災害，在醫療中不能工作，企業雇主依《勞基法》規定，按員工原薪資所給付的補償金免稅。另外，員工受醫療屆滿 2 年仍未能痊癒，經醫院診斷喪失原有工作能力，雇主依《勞基法》規定，一次給付 40 個月平均工資的賠償金也免稅。

●個人住家建築物遭到輻射汙染，依《輻射汙染建築物事件防範及處理辦法》申領的救濟金及補助費免稅。

●《犯罪被害人保護法》規定，因他人的犯罪行為被害而死亡者的遺屬、受重傷者及性侵害犯罪行為被害人，可以申請犯罪被害補償金。被害人或其遺屬取得的補償金免納所得稅。

●訴訟雙方當事人，以撤回訴訟為條件達成和解，若有賠償金，其中屬填補債權人所受損害部分，可免納所得稅；至於屬填補債權人所失利益部分，則須列為其他所得，課徵綜合所得稅。

●財產遭受損害所獲得的賠償金，例如鄰近工地施工造成房屋損害的賠償金，其中屬於直接賠償房屋所受損害部分，可以免納所得稅；至於補償損失利益部分，像是房屋無法出租的租金損失，則須列為其他所得，課徵綜合所得稅。

　　除了上列 7 項常見所得常見所得以外，其他免稅所得，可詳見《所得稅法》第 4 條及第 3-3 條規定。

證券交易所得稅為何開徵又停徵？

臺灣證券市場歷史已有六十多年，反反覆覆就有 5 次證券交易所得稅（簡稱證所稅）開徵又停徵的紀錄，但每次約過了 2 年左右便再度停徵。

第 1 次實施證所稅，早在 1955 年 7 月，臺灣股市開張 2 年，政府頒訂《臺灣省證券商管理辦法》，規定股票買賣獲利要徵收 10％的所得稅，但實施不到 5 年，便在財政部的建議下廢止了。

第 2 次實施，在 1962 年、臺灣證券交易所成立後，隔年討論所得稅法修正案，決定將證所稅視為個人資產納入課稅範圍，但因當時沒有電腦化，證券所得計算複雜，也無法人工歸戶與稽查，所以實施時間不到 2 年，便宣布暫停收取個人證所稅，但保留課法人的證所稅，直到 1971 年，連法人也停徵證所稅。

第 3 次實施於 1973 年，政府為了抑制股票炒作風氣，宣布復徵證所稅，而且為了鼓勵長期投資，規定持股 1 年以上者免稅。到了 1975 年，全球爆發石油危機，股市萎縮，財政部又為了鼓勵投資人買股票，規定買賣股票 30 萬元以上者免稅，以活絡市場。然而，課徵期間還是因稽核問題與認定爭議不休，過不到 3 年，便在 1976 年再度停止課徵證所稅。

經過 13 年的停徵，1988 年間，國內股市炒作風氣興盛，大盤指數炒作到一萬多點，當時的財政部長郭婉容為了抑制投機氣焰，宣布於 1989 年 1 月起復徵證所稅，造成當時股市以無量下跌連續 19 日反映，跌幅超過 36％，也使郭婉容黯然下臺，而政府擋不住各界壓力，於隔年 1990 年立即停止徵收證所稅。

　　最近一次，因 2006 年實施基本稅額條例（最低稅負），法人買賣證券的利得要納入最低稅負課稅，因此到了 2013 年則全面復徵證所稅，再度影響證券市場的交易量，證所稅收的預期結果也不好，於是從 2016 年起，又再度停徵證所稅，直到今日（2021 年），證券交易所得仍是停徵狀態。

● **節稅的布局番外篇**

連國稅局也有低消──
最低稅負制

　　陳澄波文化基金會董事長陳重光於 2012 年 3 月，將父親陳澄波畫作捐贈北美館。沒想到在報稅時發現竟然必須為了捐出的作品市價，另外再繳稅給政府，簡直欲哭無淚。

　　如果一個藝術家為完成心願，捐了部分作品給公立美術館，估價約 1,000 萬，報稅時，必須先申報基本所得額（最低稅負制）中的「非現金捐贈」共 1,000 萬，其中可扣抵 600 萬（現為 670 萬）捐贈的抵稅額度，剩下 400 萬必須以 20% 報稅，申報繳納 80 萬的所得稅。

　　捐千萬藝術品還要繳稅，原因就是政府有一個法令《基本稅額條例》，又俗稱「最低稅負制」。最低稅負制的目的是要讓原本所得很高，但因享受各項租稅減免，而完全免稅或稅負非常低的人，對國家財政能夠有最基本的貢獻。

　　所謂最低稅負，就是針對境內居住者，當一般所得稅額（每年 5 月結算申報所計算的應納稅額，減掉各項投資抵減稅額後的餘額，即一般所說的綜所稅）低於基本稅額時，就須多繳稅，多繳的金額為基本稅額減掉一般所得稅額。那麼，計入個人基本所得額（最低稅負）的項目有哪些？包括：

1. 綜合所得淨額：即綜合所得總額減免稅額及所有扣除額。

2. **他益保險金**：2006 年後所訂立的人壽保險及年金保險，且受益人與要保人不相同，受益人領到的保險給付（若是死亡給付，每一申報戶每年有 3,330 萬可以扣除）。

3. **非現金捐贈**：於綜所稅減除的非現金捐贈扣除額，現金捐贈的部分不用計入。

4. **海外所得**：未計入綜合所得總額的非中華民國來源所得，以及依《香港澳門關係條例》規定免納所得稅的所得（一申報戶全年未達 100 萬者，免予計入）。特別提醒，這 100 萬不是扣除額概念，而是門檻概念，例如海外所得 101 萬，應併入基本所得額 101 萬，而不是 1 萬。

另外，大多數人都搞不清楚哪裡算海外所得？

中華民國以外地區的所得，一定屬「海外所得」，這句話對嗎？答案是不對！中國大陸的所得原本就應該併入臺灣的一般綜合所得稅申報，只是過去大多數人皆以為大陸所得屬海外所得，不用申報繳稅，當大陸資金匯回臺灣時便遭稅局追查補稅，實在可惜。

另外，香港、澳門於 1997 年回歸中國，所以應該也比照大陸的情況，將港澳所得併入一般所得額，即不算是海外所得？錯！因為香港澳門的所得在之前本來就免稅，所以依照低消的概念，應該併入海外所得。總結簡單來說，臺灣及中國大陸以外的國家，還有香港、澳門的所得，就是海外所得。

5. **未上市（上櫃、興櫃）股票及私募證券投資信託基金的受益憑證交易所得（詳見 110 頁）。**

6. **選擇分開計稅之股利及盈餘合計金額。**

7. 其他：2006 年 1 月 1 日以後，各法律新增的減免綜合所得稅之所得額或扣除額，經財政部公告應計入個人基本所得額者。

上面 7 項加總後即為「基本所得額」，減掉每一申報戶每年有免稅額 670 萬，乘以稅率 20％，計算出「基本稅額」，再與綜合所得應納稅額（一般所得稅額）比大小，若基本稅額比一般稅額大，就要多補差額，如下圖。

個人基本稅額（最低稅負）

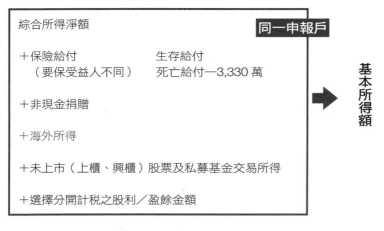

綜合所得淨額　　　　　　　　　　　　　同一申報戶

＋保險給付　　　　　　生存給付
　（要保受益人不同）　死亡給付－3,330 萬

＋非現金捐贈

＋海外所得

＋未上市（上櫃、興櫃）股票及私募基金交易所得

＋選擇分開計稅之股利／盈餘金額

→ 基本所得額

－670 萬 ×20％＝基本稅額
（綜所一般稅 vs. 基本稅額，選大者繳納）

必須申報個人基本稅額者，是不是就一定必須繳納基本稅額？答案是不一定。因為基本稅額應先與一般所得稅額作比較，如果一般所得稅額高於或等於基本稅額，也就是已經超過低消金額了，則不必再繳納基本稅額，只要依原來的綜合所得稅規定繳稅即可。如果一般所得稅額低於基本稅額，除了原來的綜合所得

稅額之外，尚應就基本稅額與一般所得稅額的差額繳納所得稅，也就是往上補到低消為止。

舉例來說，王先生 2020 年度綜合所得淨額 550 萬，應納稅額（即一般所得稅額）137 萬；另外有：海外證券交易所得 300 萬、捐贈公共設施保留地給政府而列舉捐贈扣除額 700 萬、收到保險死亡給付 4,000 萬（王先生是受益人，要保人是王媽媽）。

在計算基本所得額時，王先生當年度的海外所得由於超過 100 萬，所以 300 萬必須全部計入，有列報非現金捐贈扣除額 700 萬也應計入，保險的部分屬要保人及受益人不相同的死亡給付，每年每戶有 3,330 萬可扣除，故只要計入 670 萬（4,000 萬－3,330 萬）。以上合計再加綜合所得淨額 550 萬，即為基本所得額 2,220 萬，減掉免稅額 670 萬後，乘上稅率 20%，得出基本稅額 310 萬。由於「基本稅額」310 萬大於「一般所得稅額」137 萬，所以最後要補繳差額 173 萬元，其計算如下：

基本所得額＝綜合所得淨額 550 萬＋海外所得 300 萬＋非現金捐贈 700 萬＋保險死亡給付 670 萬＝ 2,220 萬

基本稅額＝（2,220 萬—免稅額 670 萬）×20% ＝ 310 萬（低消金額）

補繳金額＝基本稅額 310 萬——一般所得稅額 137 萬＝ 173 萬

同上例，假設王先生當年度只有海外所得 130 萬元，沒有非現金捐贈，也沒有收到保險死亡給付。綜合所得淨額 550 萬加海外所得 130 萬，即為基本所得額 680 萬，減掉免稅額 670 萬後，

乘上稅率 20%，得出基本稅額 2 萬。因「基本稅額」2 萬小於「一般所得稅額」137 萬，所以王先生不用再補繳任何的最低稅負了，其計算如下：

基本所得額＝綜合所得淨額 550 萬＋海外所得 130 萬＝ 680萬

基本稅額＝（680 萬—免稅額 670 萬）×20% ＝ 2 萬 （低消金額）

6

志玲姐姐哭了 vs. 林若亞笑了
〈師字輩的執行業務所得〉

臺灣第一名模林志玲，曾被臺北市國稅局查到漏報 2003 年至 2005 年的所得稅，補稅加罰共計千萬元。

國稅局認定林志玲的所得為「薪資所得」，當年度只能扣除 7.5 萬的薪資扣除額（現已調整為每人 20 萬），而林志玲則主張，她的收入應該是屬於「執行業務所得」，可將收入減掉 45％ 的直接必要費用後的餘額，作為所得。不過，經過請求訴願，美麗的志玲姐姐仍然敗訴，補繳約 684 萬的稅金定讞（詳見圖表 1-1、1-2、1-3）。

「執行業務所得」和「薪資所得」到底差在哪裡？居然讓報稅的金額差距這麼大？

首先，我們得先替執行業務者下定義。**執行業務者依照《所得稅法》第 11 條第 1 項規定，是指律師、會計師、建築師、技師、醫師、藥師、助產士、著作人、經紀人、代書人（地政士）、工匠、表演人、物理治療師及其他以技藝自力營生者。**

繼續林志玲的案例解析。**執行業務者有一個很重要的精神，就是須「自力營生」**，由於林志玲為表演人身分，應該有請保母（助理）、大量買衣服的治裝費、通告接洽等開銷費用。當年林志玲本身屬於經紀公司凱渥的旗下藝人，非自行獨立接洽工作，當然無須自行處理各項活動接洽、聘任助理，治裝費等也都是向經紀公司核銷，所以國稅局視其為領取經紀公司的薪資，而非執行業務所得。

　　如果可以重來，志玲姐姐有沒有更好的方法來節稅？當然有。如果是**經紀公司承接合約**，經紀公司再轉給藝人執行，並約定所有成本均由經紀公司負擔，藝人則不能再報執行業務所得，僅可報薪資所得。但假設是**藝人承接合約**，轉請經紀公司來執行，並因此支付經紀費用，那麼藝人還是可以主張扣除必要成本。

　　執行業務所得可作帳減除成本、費用及損失，規定與營利事業所得稅相同，若沒作帳，可依照財政部所頒布的「執行業務者收入及費用標準」，扣除費用標準後為所得額，即以收入的多少百分比當作費用來減除之意。以下列出較常見的費用標準率：

●律師、會計師、地政士、記帳士、公證人、專利商標代理人30％（律師配合政府政策辦理法律扶助案件，及法院指定義務辯護案件50％）

●建築師、技師、不動產估價師35％

●醫師藥師類20％～100％

●助產人員（助產師及助產士）：31％（全民健康保險收入72％）

●保險經紀人26％

●一般經紀人20％

●公益彩券立即型彩券經銷商60％

●著作人找出版社出版（非自行出版）、畫家30％，著作人自行出版75％

●表演人、節目製作人45％

●程式設計師、精算師、心理師、營養師、命理師20％

　　（還有許多類別，可以查詢財政部頒布每個年度的「執行業務者費用標準」。）

　　由於執行業務所得，可依財政部所頒布的執行業務者收入及費用標準，扣除費用標準後為所得額，因此比薪資所得的特別扣除額高出許多，以致許多不是執行業務所得的人，例如保險業務員和受僱醫生，也有意無意的申報執行業務所得，這樣下來稅負少很多，對此國稅局十年來有幾次的查稅動作都引起爭訟（近年執行業務所得爭訟案見下頁圖表 1-9）。

　　近年來最常發生爭議的，就是保險公司的業務員。爾後，法院傾向認定，若保險員自行負擔資金風險，並且自備工作場所、工具設備等，可屬於執行業務所得。

　　關於保險佣金，保險業務員與保險公司（包括保險代理人公司及保險經紀人公司）如果不具「**僱傭關係**」，由業務員「**獨立招攬業務**」並「**自負盈虧**」，公司也不會為該業務員提撥勞工保險、全民健康保險及退休金等，那麼該業務員依招攬業績計算，而從保險公司領取的佣金收入，得依《所得稅法》第 14 條第 1 項第 2 類規定，**減除直接必要費用後的餘額，為執行業務所得**。

　　如果保險業務員未依法辦理結算申報、或沒有設帳記載及保存憑證，以及未能提供證明所得額之帳簿文據者，可依財政部核定一般經紀人之費用率計算其必要費用。

　　保險業務員所謂的獨立招攬業務，並自負盈虧的要件包括：自行負擔資金風險，且自備工作所需要的工具及設備等。若保險公司無償提供通訊處處所等設備，或劃定公共區域提供保險業務員使用，那該業務員從保險公司領取的佣金收入，則為薪資所得。

　　醫師的收入歸類原則也採取相同的概念，只要是與醫療院所有僱傭關係，就屬於薪資所得。若是合夥聯合執業，每位合夥醫師皆須承擔醫院的盈虧，並依合夥契約拆帳分配盈餘，即屬於執行業務所得。

圖表 1-9　近年執行業務所得爭訟案判決

當事人（時間）	南山人壽保險員（2003 年）	前總統陳水扁女婿趙建銘案（2004 年）	藝人張惠妹（2005 年）名模林志玲（2011 年）	名嘴姚立明（2010 年）
爭議過程	保險員將取得報酬，申報執行業務所得，國稅局則認定為薪資所得，連補帶罰。	趙建銘代言臍帶血廣告，國稅局認定為薪資，非執行業務所得。	經紀公司與邀約單位簽約，安排藝人演出，並且領取全額演出酬勞，再扣除佣金後，其餘款項交付藝人。而藝人主張領取報酬為執行表演業務所得，但國稅局認定是薪資所得。	姚立明向六家電視公司領取車馬費、酬勞，並以執行業務所得申報，但國稅局認定為薪資所得。
法院見解	法院認為保險員與南山人壽為僱傭關係。敗訴	法院認為，由於代言行為屬於宣傳、推廣，並非醫療專業判斷，故無法認定為醫師「技藝」。敗訴	經紀公司對外簽約，是以公司名義為之，非自居代理人。藝人不得擅自對外簽約，與經紀公司存在僱傭關係。敗訴	參與節目來賓不負擔各節目經營成本及盈虧風險，所以此收入應視為薪資所得。敗訴

那麼，專收講師費、經常四處奔波講課的老師及顧問，他們的鐘點費是薪資所得？還是執行業務所得？

某公司邀請甲君至其公司，對員工上有關技術商品化及資訊管理的課程，並給付 1.6 萬給甲君。之後甲君申報綜合所得稅時，將這筆酬勞申報為稿費（執行業務所得），而這筆費用因為沒超過 18萬，所以免稅，但後來他卻遭到國稅局的查核要求補稅。為什麼會這樣？

是授課還是講演？報稅大不同

《所得稅法》函令規定，營利事業開課或舉辦各種訓練班、講習會、研討會、座談會、研習營及其他類似性質等活動，聘請人員講授課程、主持會議或發表言論所發給的鐘點費，屬於薪資所得。所以該公司因該活動屬於授課性質，應該開立薪資所得扣繳憑單給甲君，甲君則應申報為薪資所得才是正確的。

也就是說，如果公私機關、團體、事業及各級學校，開課或舉辦各項訓練班、講習會及其他類似性質活動，聘請授課人員講授課程，這時發給授課人員的鐘點費，屬於「授課鐘點費」，即薪資所得。

反之，公私機關、團體、事業及各級學校只是單純的聘請學者、專家就某一議題做專題演講，並非屬於訓練研習的一部分課程，那麼給付講師的酬勞則屬於「講演鐘點費」，而且該項收入與稿費、版稅、樂譜、作曲、編劇、漫畫等各收入，全年合計沒超過 18 萬即可定額免稅。但超過 18 萬以上的所得仍應課徵綜合所得稅（即執行業務所得，自行出版扣減 75％、非自行出版扣減 30％）。

　　此處所指的授課人員，不因身分而有所不同；此處所指的課程，也非一般課程或專業課程之分，換句話說，就算授課人員是專家或學者，而授課內容為專業性的專題演講，但只要屬於整個訓練課程的一部分，那麼該授課人員所領取的酬勞仍屬於授課鐘點費，類別為薪資所得，不能歸類為講演鐘點費。

　　所以關鍵在於，只要是一次性的講演，授課講師不需要按照排定課程上課，就可以歸類為「講演鐘點費」，即執行業務所得，一年有 18 萬的定額免稅。講演鐘點費及授課鐘點費該怎麼區分，詳見圖表 1-10。

圖表 1-10　講演鐘點費 vs. 授課鐘點費

比較項目	適用內容	所得類別	注意事項
授課鐘點費	公私機關、團體、事業及各級學校開辦業務講習會、訓練班或者開課等，聘請授課講師講授課程，且與學校老師性質相似，都須按照排定課程上課（即使是其中的一堂課也算）。	薪資所得	該活動屬於授課性質，應該開立薪資所得扣繳憑單給授課講師，而授課講師則應申報為薪資所得。
講演鐘點費	公私機關、團體、事業及各級學校聘請學者或專家一次性的專題演講，而且不需要按照排定課程上課。	執行業務所得	該項收入與稿費、版稅、樂譜、作曲、編劇、漫畫等各收入，全年合計沒超過 18 萬元即可定額免稅。但超過 18 萬元的所得，仍應課徵執行業務所得。

同樣是名模，為何林志玲敗訴，林若亞勝訴？

前面提到有臺灣第一名模之稱的林志玲，被國稅局查到漏報 2003 年至 2005 年的綜合所得稅，是因為國稅局認定林志玲的所得為「薪資所得」，而非「執行業務所得」的案例。

這讓我想起另一位名模林若亞於 2006 年報稅時，同樣不滿國稅局認定其所得為薪資所得，對此聲請釋憲。

然而，此次司法院大法官會議做出釋字第 745 號解釋，認定國稅局不准薪資所得者列舉扣除的法令違憲，要求財政部 2 年內完成檢討及修正，才促成了財政部研議薪資可以依特定費用減除，也就是所謂的「林若亞條款」。

我不是名模也適用嗎？2020 年報稅就可以

因應大法官釋字第 745 號解釋，行政院於 2018 年底前通過俗稱「名模條款」的《所得稅法》第 14 條、第 126 條修正案，未來民眾申報綜所稅時，**薪資所得計算方式可採二擇一方式：定額減除 20 萬元或依特定費用減除**。目前已於 2019 年 1 月 1 日生效實施，可在 2020 年以後年度的 5 月申報綜合所得稅時適用。

可特定減除費用項目，經參考國外立法法例及各界建議，依據《個人薪資收入減除必要費用適用範圍及認定辦法》，應符合 4 項原則，包含與提供勞務直接相關且必要、勞工的實質負擔、重大性及共通性原則，並規範出 3 項可減除項目：

1. 職業專用服裝費。

職業所必須穿著之特殊服裝或表演專用服裝，其購置、租用、清潔及維護費用。例如名模走秀、劇團表演者或演藝人員為了表演購買服裝等。

2. 職業上工具支出。

購置專供職務上或工作上使用書籍期刊及工具之支出，其效能非 2 年內所能耗竭且支出超過 8 萬元者，應逐年攤提折舊或攤銷費用。例如美髮師購買理髮刀、教師購買教具等。

3. 進修訓練費。

參加符合規定之機構開設職務上、工作上或依法令要求，所需特定技能或專業知識相關課程之訓練費用。

以上 3 項特定費用採單項計算，在報稅時須檢具證明文件，**每人每年減除金額以其薪資所得的「3%」為限，總計可減除薪資所得的 9%**。以下列出 3 種情形，來分辨薪資所得該採定額減除 20 萬，還是依特定費用減除：

舉例 1：甲年薪 200 萬，實際與職業相關的支出為 30 萬，但三項合計最高僅可減除 18 萬（200 萬 × 9％ ＝ 18 萬），因此直接採定額減除 20 萬比較有利，而且無須舉證又便利。

舉例 2：乙年薪 300 萬，實際與職業相關的支出為 25 萬，三項

合計最高可減除 27 萬（300 萬 × 9% ＝ 27 萬），比定額減除 20 萬優惠，所以乙選擇特定費用減除。

　　舉例 3：丙年薪 500 萬，實際與職業相關的支出為 40 萬，三項合計最高可減除 45 萬（500 萬 × 9% ＝ 45 萬），比定額減除 20 萬元優惠。不過，核實扣除上限採用單項計算，丙的薪資所得每項最高僅可減除 15 萬（500 萬 × 3% ＝ 15 萬），所以如果他治裝費花 20 萬元、進修費用 15 萬、工具費用 5 萬，共計 40 萬，實際上可減除金額為治裝費 15 萬、進修費用 15 萬、工具費用 5 萬，共計 35 萬。

　　原則上**年薪超過 223 萬以上，報稅時選擇特定費用減除才比較有利**（20 萬 ÷ 9% ＝ 222.2222 萬）；一般薪資階級則可採定額減除 20 萬。如果仍不知道到底該選擇哪一種方式報稅比較有利，其實網路報稅軟體會自動幫納稅義務人試算，請各位多加利用。

　　總而言之，選擇定額減除就是無論年薪多少都可減除 20 萬，選擇 3 項特定費用減除，則是在報稅時必須檢附證明文件，在每項薪資 3%（3 項共 9%）的限額內，從薪資收入中減除。

　　如果自己認為符合可特定減除的範圍，卻有部分單據被國稅局剔除，導致可減除金額反而比定額的 20 萬低時，納稅人還可以改回定額減除申報。所以提醒高薪族，若想要享受新制的好處，2019 年起，為了節省稅負，平時就要有蒐集憑證的習慣，多多準備職業上專用且由自己負擔的單據，包括發票、收據及照片等。

7

包租公、包租婆的租賃所得

曾有一位不到 30 歲的年輕人來我的事務所諮詢，想要做節稅規劃。我便好奇問他從事什麼職業，他說目前沒有工作，但是去年他的父親離開人世，留給他的房子尚有人在承租，所以目前每個月有租金收入約 60 萬，年收入共為 720 萬。

他會來找我，是因為他以前的收入很少，每年通常都適用最低綜所稅率 5% 來繳稅，自從有了這筆租金收入後，才發現適用的稅率變成 30%，甚至是 40%，要繳的稅提高到一百多萬。

房東可先行核算扣除費，擇高適用

租賃所得的申報方式分為兩種，一種是不須任何證明文件，一律以當年度房屋租金收入的 43% 列為必要費用（即以房租收入的 57% 計入所得額），但土地出租的收入，僅能扣除該地當年度繳納的地價稅，不得扣除 43% 的必要費用。

如果是一般住宅委託包租代管，供居住使用且租期 1 年以上，租金收入每屋每月 6,000 元免稅，超過 6,000 元至 2 萬元部分列必要費用 53%（即以房租收入的 47% 計入所得額），租金收入 2 萬以上的必要費用 43%（即以房租收入的 57% 計入所得額）。

（按：包租是租屋服務業者擔任二房東，由業者向房東簽訂包

．

租契約、支付房租，再將住宅轉租給房客。代管則是指業者「協助」房東與房客簽訂租約，而業者為雙方代理人，管理租賃房屋。）

若係社會住宅（指由政府興辦或獎勵民間興辦，專供出租的住宅，其房屋用途供居住、長期照顧服務、身心障礙服務、托育服務、幼兒園使用）包租代管，租金收入每屋每月 1 萬元免稅，超過部分的必要費用計 60％（即以房租收入的 40％計入所得額）（見圖表 1-11）。

行政院院會於 2021 年 4 月 8 日通過內政部所提出《住宅法》第 23 條修正案，為了增加住宅所有權人參與誘因，房東每屋每月租金收入的免稅額度，將由 1 萬元調高為 1.5 萬元。

另一種是採用列舉扣除的方式，必須逐項提出證明，表示是因租賃而發生之合理、必要損耗及費用，像是房屋折舊、修理費、地

圖表 1-11　一般住宅包租代管 vs. 社會住宅包租代管

辦理方式		一般住宅			社會住宅	
		自行出租	包租	代管	包租	代管
出租方式		房東自行收租。	業者代收租，房東支付業者委託費。		業者與房東簽訂包租契約，並轉租房客。	房東與房客經業者媒合，承租雙方簽訂租約。
賦稅減免	免稅額	無	每月租金 6,000 元		每月租金 1.5 萬元	
	所得稅必要費用減除率	43％	2 萬元以下 53％；超過部分 43％		60％	

價稅、房屋稅及其附加稅捐、以出租財產為標的物的保險費、向金融機構貸款購屋後出租所支付的利息等。

另外，房東所收的押金，應該按照當地銀行業通行的一年期定期存款利率，計算租賃收入。若將押金存放在銀行或從事投資產生的所得，已如實報繳所得稅者，其押金依法設算租金課稅時，可以先減除運用押金產生的孳息等收入後再報稅。

舉例來說，甲房東租辦公室給乙，租金每月 10 萬，但乙在承租時需支付 100 萬押金。甲房東將押金存放於銀行，每年有 1 萬的利息收入。

甲房東應申報的租賃收入中，除了每年的 120 萬租金外，向乙收取的 100 萬押金，也應按照銀行通行的 1 年期存款利率，計算租金所得（每年國稅局會規定）。現行假設押金應申報的租賃所得金額是 1.5 萬，此時甲可以扣除押金存放在銀行產生的 1 萬元利息收入後，以餘額 5,000 元作為押金租賃所得報稅。

特別提醒，如果收取租金沒立收據，則要貼印花。例如房東每月收取租金 1 萬，而沒有另開收據，僅在租賃契約上逐月簽章註明收訖者，則該租賃契約就具備了代替銀錢收據的性質，應於每月收款時，依銀錢收據 4‰ 計貼印花稅票 40 元（1 萬 ×4‰ = 40 元）。

假設房客給房東的押金 5 萬元及每月租金 1 萬元，都以支票支付，房東收取支票時，於租賃合約內分別載明票據名稱及其號碼，則保證金應納 200 元及每月租金收入應納 40 元的印花稅，就可以不用繳納。

因為印花稅是課憑證稅，收到錢給對方收據時要貼花，而票據（包括匯票、本票及支票）不是《印花稅法》規定的銀錢收據，所

以可以免貼印花稅票。

　　周星馳的電影《功夫》裡包租婆的獅吼功，想必讓大家印象深刻。回想電影中的畫面，整個社區都是包租婆的房子。但在現實生活中，國稅局認為擁有多間房產，通常是 6 棟以上，**而且有招牌，以及僱用員工協助處理出租買賣事務，實際上就是營利行為**。這麼一來，得與一般公司一樣繳營業稅、營利事業所得稅以及印花稅。圖表 1-12 整理出個人出售或出租不動產當中，營利行為與非營利行為的比較。

　　特別要注意的是，**個人將所有房屋供他人作營業使用，約定租金偏低時，國稅局得參照當地一般租金情況設算調增租賃收入**。

　　假設甲君申報綜合所得稅，列報其所有房屋出租供 A 公司營業使用，租賃所得為 100 萬，後來經國稅局查核發現，甲君申報的租金收入，明顯較當地一般租金行情低很多，所以國稅局參照了當地一般租金標準，調增甲君的租賃所得 20 萬，並予以補稅。

　　甲君不服，向國稅局申請復查，主張由於房屋承租人 A 公司連續多年虧損，經雙方協議同意降低租金，以幫助承租人度過難關，所以確實僅收到租賃所得 100 萬，並無短報情事，不應再任意調增其租賃所得。

　　而國稅局以甲君所出租房屋約定的租金，顯然比當地一般租金較低為由，稽徵機關依法可以設算方式來認定租賃收入。縱使當事人申報的租金為實際收取的金額，**稽徵機關仍可以將出租人的租金收入調整至一般租金標準**。

　　原則上，個人綜合所得稅採用收付實現制（按：以現金收到或付出為標準，記錄收入的實現和費用的發生），而這個案例算是收

付實現制的例外，縱使當事人約定的租金確實低於一般租金標準，並非低報，國稅局仍然可以基於課稅公平，將出租人的租賃收入調整至一般租金標準來課稅，避免出租人及承租人刻意約定偏低的租金，藉此減少所得稅。因此，提醒出租人在同意調減租金時，應該要考量當地的租金水準，才不會額外多負擔一筆稅負。

圖表 1-12　個人出售或出租不動產，營利與非營利之課稅比較

項目		營利行為		非營利行為	
		出售	出租	出售	出租
須辦營業登記		有設置營業場所、營業牌號、僱用員工、具有經常性或持續性銷售房屋行為。但房屋取得後逾6年始銷售，或建屋前土地持有10年以上者，不在此限。	有設置營業場所、有營業牌號、僱用員工。	免辦營業登記	免辦營業登記
應納稅捐	營業稅	5%	5%	0	0
	營所稅	20%	20%	0	0
	綜所稅	5%～40%	5%～40%	5%～40%	5%～40%

8

有錢人愛入籍新加坡？因為稅率少一半
〈居住者與非居住者之差別〉

　　臉書（Facebook）共同創辦人之一愛德華多・薩維林（Eduardo Saverin）在 2012 年臉書股票上市前，放棄美國國籍，入籍新加坡。後來，臺灣某知名上市公司的大老闆也學薩維林入籍新加坡。他們為什麼要這麼做？因為納稅身分的不同，所得稅的申報方式及適用稅率也會大不相同。

　　臉書計劃透過 IPO（按：Initial Public Offerings，指首次公開發行股票，以期募集用於企業發展資金的過程）籌集高達 118 億美元資金（按：以 1 美元約新臺幣 30 元計，約新臺幣 3,540 億），據說薩維林持有臉書約 4% 股份，按臉書發行價區間上限計算，這些股份的價值約為 38.4 億美元（按：約新臺幣 1,152 億）。

　　而薩維林放棄美國國籍，成為新加坡居民，除了可以減少臉書上市所需繳納的稅收，還可以幫助他在未來投資時，避免繳納資本利得稅（按：Capital Gains Tax，簡稱 CGT，對投資者證券買賣所獲取的價差收益徵稅），因為新加坡並沒有資本利得稅。

　　至於臺灣某知名上市公司的大老闆也學薩維林入籍新加坡，其節稅的原因不太一樣。大老闆的身價早就到了臺灣最高的綜所稅率 40%，但他的國籍改為新加坡後，稅負馬上少一半。為什麼？因為他若變成外國人，只要在臺灣未住滿 183 天，就不算臺灣居住者，依照規定他不必辦理申報，而是直接扣繳稅款。當時臺灣的股利扣

繳稅率只有 20%，而且未來他住在新加坡，當地所得適用的最高稅率當時也只有 20%，難怪這些有錢人都跟著入籍新加坡。

《所得稅法》又是如何區分居住者與非居住者呢？首先，居住者及非居住者的分類非常重要，在每一種賦稅，幾乎都會針對不同的納稅身分，給予不同的申報繳稅方式及不同的稅率適用，進一步而言，節稅模式也不相同（見圖表 1-13）。

圖表 1-13　居住者 vs. 非居住者

項目	納稅身分	
	居住者	非居住者
條件	在臺有住所且經常居住。 在臺無住所，但同一課稅年度在臺居留天數 ≧ 183 天。	在臺無住所，同一課稅年度在臺居留天數 < 183 天。
申報方式	每年 5 月應辦理結算申報。	無須辦理結算申報，採就源扣繳。
適用稅率	5%～ 40%	6%～ 21%

※通常在臺灣有戶籍，即視為在臺有住所。

舉例來說，韓先生從小住在高雄，幾年前出國念書後，直接待在美國工作，長時間未曾返臺，但他出國前投資購買的股票仍定期發放股利，名下的房屋也以每次預收一年租金的方式，出租給某間企業使用，每年所得額加總大約在百萬元上下。

韓先生有一次自行利用國稅局的報稅軟體試算，發現他在臺灣的收入居然可以退稅，於是他馬上提出申請。

　　但是，國稅局最後核定韓先生不得退稅。韓先生覺得自己明明就是中華民國的國民，也領有身分證，為什麼還會被國稅局認定不能夠自行結算申報以退稅呢？根據《所得稅法》規定，以下 2 大類屬於居住者：

　　1. 在我國境內有住所，並經常居住我國境內的人，其認定原則是該人於一課稅年度內，在中華民國境內設有「戶籍」，且有下列情形之一者：

A. 於一課稅年度內，在中華民國境內居住合計滿 31 天。
B. 於一課稅年度內，在中華民國境內居住合計在 1 天以上未滿 31 天，其「生活及經濟重心」在中華民國境內。

　　這邊所稱的生活及經濟重心在中華民國境內，應衡酌個人之家庭與社會關係、政治文化及其他活動參與情形、職業、營業所在地、管理財產所在地等因素，參考下列原則綜合認定：

A. 享有全民健康保險、勞工保險、國民年金保險或農民健康保險等社會福利。
B. 配偶或未成年子女居住在中華民國境內。
C. 在中華民國境內經營事業、執行業務、管理財產、受僱提供勞務或擔任董事、監察人或經理人。
D. 其他生活情況及經濟利益，足資認定生活及經濟重心在中華民國境內。

2. 在我國境內沒有住所，但是一個課稅年度內在我國境內居留合計滿 183 天以上的人。

以上不屬於前面 2 項所稱的個人，即為「非居住者」。以韓先生的例子來看，由於他長時間都在國外，從未回臺居住，當年在中華民國的護照上面自然沒有入境超過 31 天的證明，他的生活經濟重心更不可能在臺灣境內，所以國稅局才會核定他屬於非居住者，不能夠用結算申報的方式。

總而言之，財政部針對不同納稅身分，有著不同待遇的繳稅方式以及適用稅率，如果你經常居住在臺灣，且一年內住超過半年，就稱為居住者，自然適用最一般的申報方式，每年 5 月就得乖乖的結算申報，並適用累進稅率 5%～40%（見 36 頁圖表 1-2）。

反之，你在一年之中於臺灣居留少於半年（183 天），則稱為非居住者。不管是有意還是無意，政府通常認為這種人可能錢賺飽就離開臺灣，會對國庫造成很大的傷害，所以最安全的方法是叫付錢給你的人（扣繳義務人），把總金額的一部分扣下來（約 6%～21%），然後轉繳給政府，這樣的制度稱為「就源扣繳」（Withholding），翻成白話是：「就」你的所得來「源」，「扣」一部分的錢下來，「繳」給政府。像美國、中國、英國、日本等許多國家，都很喜歡用就源扣繳這個方法。

關於居住者的稅率，我會在後面的章節詳細說明，這邊先稍微介紹非居住者常用的扣繳稅率：

● 外資股東（非中華民國境內居住之個人、總機構在中華民國

境外之營利事業）獲配股利或盈餘扣繳率為 21%。

　　●薪資按給付額扣取 18%。全月薪資在行政院核定每月基本工資 1.5 倍以下者，則扣取 6%（按：自 2021 年 1 月 1 日起，每月基本工資由 23,800 元調整至 24,000 元）。

　　●其他（佣金、利息、租金、權利金、執行業務、財產交易所得、員工認股權所得、信託所得、競技競賽機會中獎獎金等）多數為 20%。

9

人兩腳錢四腳的金融商品所得課稅
〈基金、股利、投資型保單〉

鍾先生投資債券型基金已經很多年了，投入金額為 2,000 萬，每年的配息率約 3.8％，配息所得共 76 萬（2,000 萬 × 3.8％＝76 萬），申報綜合所得稅時，減掉儲蓄投資特別扣除額 27 萬，再乘上其本身綜所稅稅率為 40％ 來計算，要繳綜所稅 19.6 萬（〔76 萬－27 萬〕× 40％＝19.6 萬）。

後來他改投資債券，殖利率同樣差不多是 3.8％，配息所得 76 萬。這時他採用分離課稅（詳見 41 頁節稅小辭典），也就是 76 萬 × 10％＝7.6 萬，不再與個人綜合所得稅合併計算。同樣的資金，改成投資債券，省稅利益高達 12 萬，節省 6 成的稅金。

什麼是債券型基金？就是由基金公司發行的基金，投資標的是各式各樣的債券。而債券是由政府、銀行或企業發行的借據。

為什麼兩者要繳的稅差這麼多？首先，金融商品不斷推陳出新、產品種類多樣化。以往金融商品的課稅範圍，會因其性質或商品包裝方式而不同，因此造成許多投資人的恐慌，不但扭曲金融機構間資源的配置，也連帶影響金融市場發展及國際競爭力。直到 2009 年 4 月修正有關金融商品的課稅規定，個人持有債券等金融商品的利息所得，只要扣繳 10％ ～ 20％ 稅款。

基金是國人熱門投資理財工具之一，依照發行公司的不同，可區分為「國內基金」與「國外基金」兩種，而投資兩種的課稅方式

也大不同，可別搞錯了！以下介紹國內基金與國外基金的差別。

如何判斷「國內基金」與「國外基金」？

　　國內基金是指在國內登記註冊之基金。國外基金則是登記在我國以外地區，大都在有「租稅天堂」之稱的國家註冊，例如盧森堡、開曼群島等，這是由國外基金公司發行，經我國政府核准後在國內銷售之基金。例如：群益印度中小基金，看名稱似乎是投資在海外的印度市場股票，但由於群益投信這檔基金的註冊地是在臺灣，所以應該歸類在國內基金。

　　需要特別注意的是，基金買賣獲利（資本利得）的課稅標準是以「註冊地區」，而非「投資標的」。然而，基金配發利息或股利的課稅標準是以「投資標的」，而非「註冊地區」。

　　那麼，買賣基金所發生的損益是否需要課稅？不論個人還是企業買賣基金的損益，皆以**基金註冊地**判斷所得來源，比如**基金註冊地為臺灣**，在國內所產生的損益，由於屬於證券交易所得，自 2016 年起停止課徵，故**免納所得稅**；然而，如果是證券交易損失，當然也不准自所得額中減除。

　　如果基金註冊地為境外，其買賣產生的損益屬於海外所得，須計入個人基本所得額申報。

　　至於基金所產生的配息是否需要課稅？基金所配發之利息，其持有人不論是個人或企業，**所得來源屬境內抑或境外，均須計入所得申報課稅**。

　　個人購買國內基金，投資標的如果是臺灣境內的股票或債券，

取得基金配發的股利或利息，應申報個人綜合所得稅，利息部分可以享受 27 萬儲蓄投資特別扣除額；但如果投資標的是境外地區含香港及澳門地區，則投資人取得的股利或利息，屬海外所得，須計入基本所得額申報。此外，海外利息非屬境內來源所得，不課徵二代健保費（見圖表 1-14）。

那麼，投資海外債券的利息所得，與出售海外基金的交易損失可不可以互抵？舉例來說，投資海外債券獲配海外利息所得 1,000 萬，在同一年度也出售海外基金損失 500 萬，則該筆**海外財產交易損失並不能與利息所得互抵**，當年度海外所得申報金額為海外利息所得 1,000 萬。

此外，《所得稅法》規定，民眾申報綜所稅時，若要列報扣除財產交易損失，須檢附有關證明文件，以憑核認，至於每年度扣除額，以不超過當年度申報的財產交易所得為限。如果當年度沒有財

圖表 1-14　國內基金與國外基金之課稅差別

基金註冊地	投資地區	收益來源	個人
國內	臺灣	資本利得	證券交易所得（停徵）
		配息	利息所得／股利所得
國內	海外	資本利得	證券交易所得（停徵）
		配息	海外所得
國外	不論臺灣或海外	資本利得	海外所得
		配息	

產交易所得、或是財產交易所得額比財產交易損失少，還沒有扣除的財產交易損失餘額，可以在以後 3 年度的財產交易所得中扣除。

　　而海外財產的交易，由於《所得基本稅額條例》規定，海外財產交易損失除了不能從其他所得類別的海外所得中扣除外，海外財產交易若有損失，依法僅能從同一年度的海外財產交易所得中扣除，因此與境內財產交易損益的扣除規定不同，不得適用 3 年內盈虧互抵的規定。

哪些金融商品用分離課稅？

　　個人居住者持有公債、公司債及金融債券的利息及下列所得者，應依《所得稅法》第 88 條規定扣繳 10% 稅款，且不併計綜合所得總額（即分離課稅），同時也不再適用儲蓄投資特別扣除額；非居住者則按 15% 扣繳率就源扣繳：

　　1. 公債、公司債及金融債券之利息所得。

　　2. 短期票券到期兌償金額，超過首次發售價格部分之利息所得。

　　3. 依《金融資產證券化條例》或《不動產證券化條例規定》，發行之受益證券或資產基礎證券分配之利息所得。

　　4. 以上述 3 款之有價證券或短期票券從事附條件交易，到期賣回金額超過原買入金額部分之利息所得。

　　5. 與證券商或銀行從事結構型商品交易之所得。

　　因為投資債券的門檻不低（按：投資一張債券幾乎動輒 500 萬

元甚至上千萬元），所以持有該金融商品所得的納稅義務人，多數為高資產族群。對喜愛大額度投資以及對綜所稅率超過 12% 以上的投資人來說，選擇投資用 10% 扣繳（分離課稅）的金融商品，如債券、結構型商品等，就是一個很簡單又符合個人利益的節稅方法。

● 節稅小辭典

投資型保單，獲利部分也要課稅

於 2010 年 1 月 1 日以後新訂立的投資型保險契約，投資帳戶獲利的部分應課稅，惟如同個人銀行帳戶，領取時不計入所得稅，也不適用最低稅負制，而係透過保險公司所開立之扣免繳憑單或股利憑單，供要保人據以申報並繳納綜合所得稅。

所謂要保人自保單投資帳戶中所獲得的收益，係指「投資收益－成本－必要費用」。

在併入個人綜合所得稅時，則應視該投資型保單所連結的投資標的商品類別，分別徵免稅捐。

例如：投資標的是金融機構存款利息或收益型基金的時候，就是利息所得，一年超過 1,000 元者，應計入綜合所得總額課稅，並適用 27 萬儲蓄投資特別扣除額；如果是股票型基金及上市櫃公司發放的股利，即是股利所得，目前可以併入綜合所得額或分開計稅；如果投資標的是債券、票券、證券化商品、結構型商品等，則為 10% 分離課稅；如果是海外基金則為海外所得，依基本稅額條例計稅。

● 節稅的布局番外篇

股利所得改採二擇一，
看個人所得高低決定

過去實行了 19 年的兩稅合一設算扣抵制度，於 2018 年修法正式廢除，改採股利所得二擇一的方案。

1. 境內居住者股利所得課稅方式，按下列二擇一適用：

● 合併算再讓你抵：將股利所得併入綜合所得總額課

> 股利有兩種計稅方式，如何選擇？

	股利合併計稅	股利分開計稅
薪資加租金等所得	500,000	500,000
股利所得	100	100
免稅額	88,000	88,000
標準扣除額	120,000	120,000
薪資特別扣除額	200,000	200,000
所得淨額	92,100	92,000
稅率	5%	5%
累進差額	0	0
應納稅額	4,605	4,600
股利可抵減稅 8.5%，上限 8 萬	9	
應繳（退）稅額 A	4,596	4,600
股利分開計稅（28%）B		28
合併報繳稅（A ＋ B）	4,596	4,628

> 選合併計稅有利

稅，享有 8.5％ 的股利可抵減稅額比率（金額遇小數點以下採四捨五入），惟每一申報戶以 8 萬的可扣抵金額為上限（舊制依照每張股利憑單上的股利總額計入所得計算稅金，再讓你抵扣憑單上的股利可抵減稅額）。

　　● 分開算單一稅率：股利所得按 28％ 稅率分開計算稅額，無可扣抵稅額，與其他類別所得計算之應納稅額合併報繳。

　　2. **境外居住者及境外法人的股利所得採扣繳方式，扣繳率：21％（舊制為 20％）。**

	低薪高股利 應選擇分開計稅		高薪只要有股利 就應選擇分開計稅	
	股利 合併計稅	股利 分開計稅	股利 合併計稅	股利 分開計稅
薪資加租金等非股利所得	500,000	500,000	5,000,000	5,000,000
股利所得	7,311,670	7,311,670	100	100
免稅額	88,000	88,000	88,000	88,000
標準扣除額	120,000	120,000	120,000	120,000
薪資特別扣除額	200,000	200,000	200,000	200,000
所得淨額	7,403,670	92,000	4,592,100	4,592,000
稅率	40%	5%	40%	40%
累進差額	829,600	0	829,600	829,600
應納稅額	2,131,868	4,600	1,007,240	1,007,200
股利可抵稅 8.5%，上限 8 萬	80,000		9	
應繳（退）稅額 A	2,051,868	4,600	1,007,231	1,007,200
股利分開計稅（28%）B		2,047,267		28
合併報繳稅（A ＋ B）	2,051,868	2,051,867	1,007,231	1,007,228

從上頁圖表可看出來，高所得者，只要有一點股利，就應選擇股利分開計稅較省稅。若只有 50 萬的薪資，股利所得要高達 7,311,670 以上，才應選擇股利分開計稅；反之，低所得並低股利者，應選擇股利合併計稅。

簡單來說，中低所得者適用股利所得合併計稅，高所得者適用股利分開計稅。

股票用個人還是用公司持有，哪一種較節稅？

許多人常問我，股票到底要用個人還是公司持有較節稅？答案是看你主要是以賺價差或領股利為主。如果是以買賣有價證券賺價差為大宗，則因目前證券交易所得停徵，用個人名義持股即可；但是如果是以領股利為主，則要精算比較，分別計算個人股利所得稅（合併計稅或分開計稅），以及用公司持股的所得稅，分析何者稅負較低。

由於公司投資其他國內公司所獲得股利，免繳營利事業所得稅（《所得稅法》第 42 條），公司若保留盈餘不分配，只要繳 5% 的未分配盈餘所得稅。所以，通常股利龐大者以公司持有股票較節稅，不過這類規劃要小心誤入實質課稅原則。

另外提醒，自 2021 年起，個人未上市、未上櫃且未登錄興櫃的股票交易所得，要併入最低稅負制（所得基本稅額條例）課稅。

而出售未上市櫃公司股份可分為「證券交易所得」或「財產交易所得」，係依據該公司股票是否有依《公司法》第 162 條規定辦理簽證：

1. 有簽證發行股票：證券交易所得——停徵所得稅；繳證券交易稅；計入基本所得額。

2. 無簽證發行股票：財產交易所得——繳所得稅。

須特別注意，有限公司並非股份有限公司（兩者簡易比較請見下表），個人出售轉讓有限公司出資額的所得，屬於財產交易所得（同無簽證發行股票），因此，非屬本次修法所稱未上市櫃股票交易所得，不受此次修法影響。

	有限公司	股份有限公司
依據法律	《公司法》	
成員責任	有限責任，以其出資額為限	
股東人數	1 人以上	2 人以上，或法人股東 1 人以上
業務機關	董事	董事會、所有權與經營權分離
損益分配	通常依出資額比例而訂，也可章程自訂	依持股比例而訂
每年盈餘分配次數	1 次	1～4 次
出資轉讓	股東須經其他股東表決權過半數同意；董事的股份須經其他股東 2／3 以上同意	原則上股東自由轉讓

資料來源：經濟部。

10

累進稅率，有錢人的惡夢
〈綜所稅率級距表〉

　　曾有學生在暑假期間打工，單純的將身分證、印章交給他人，還在空白薪資表上簽名、蓋章，不小心被某公司拿去虛報薪資費用，藉以節省營利事業所得稅。到了隔年綜合所得稅大批補稅開徵期間，該名學生的父母反而被國稅局開單補稅。這是怎麼一回事？

　　由於學生打工族的收入，大都合併在父母親的所得中一起申報，公司虛報薪資的人頭，讓繳稅級距跳一級，從原本的 5％，跳到 12％，結果學生打工所賺來的錢，還不夠貼補多跳一個級距所繳的稅金，真是得不償失！

　　關於稅率，到底是用單一稅率，還是累進稅率（詳見 41 頁節稅小辭典），歷史以來有許多爭論。所得一般的人，希望用累進稅率，可以用較低的稅率繳稅；高所得人士則希望用單一稅率，至少不會用最高的 40％ 以上來繳稅，因為這樣幾乎把將近一半的所得都送給政府了。

　　公平起見，政府應該會用平均值或中位數 20％ 來訂定。而最後政府以能力越大、責任越重的概念，來決定綜合所得稅率的設計，也就是累進稅率，即所得越高，稅率越重（見下頁圖表 1-15）。

　　不過想一想，有一種稅是國庫主要大補丸，那就是營利事業所得稅，它適用單一稅率，從過去的 25％ 降到 20％，再降至 17％，現在又回到 20％，很有意思吧！

圖表 1-15　2020 年度與 2021 年度綜合所得稅課稅級距、累
　　　　　　進稅率及累進差額

級別	課稅級距	稅率	累進差額
1	0 ～ 540,000	5%	0
2	540,001 ～ 1,210,000	12%	37,800
3	1,210,001 ～ 2,420,000	20%	134,600
4	2,420,001 ～ 4,530,000	30%	376,600
5	4,530,001 以上	40%	829,600

單位：新臺幣。

　　有一則新聞報導指出，國稅局查獲一家公司利用職務之便，向未在公司任職支薪的親戚朋友，借用他們的身分資料，謊報公司員工薪資，逃漏營所稅達 32 萬。稅務員表示，**借用人頭讓公司虛報薪資，最常出現在家族企業**。不少人以為出借身分資料，供企業虛報薪資不會有問題，但實際上已觸犯《稅捐稽徵法》規定，不僅會被補稅帶罰，還會留下刑事紀錄，**最高可處有期徒刑 3 年**。

　　這些借用人頭報薪資費用者，通常會申報多少薪資呢？這個問題等同於，一個人有多少收入以下不用繳到所得稅金？簡易估算，**2020 年薪資收入在 40.8 萬以下不用繳稅**，其計算如下：

8.8 萬（免稅額）＋ 12 萬（標準扣除額）＋ 20 萬（薪資所得特別扣除額）＝ 40.8 萬

　　所以這些報人頭薪資的公司，都會幫每一個人頭列報的上限，

含其他不超過 40.8 萬的所得，這麼一來就不會影響某個人頭的稅負成本。

以為不用繳稅就不需申報？那你虧大了

看到這裡你或許會問，反正我所得 40.8 萬以下不用繳稅，所以每年 5 月不報稅應該也沒有關係？其實，當年度綜合所得總額未超過免稅額及標準扣除額之合計數（20.8 萬，若有配偶或扶養親屬可再加），依《所得稅法》第 71 條第 3 項規定，可以免辦結算申報者，如果當年度之基本所得額已超過 670 萬，仍應依規定計算、申報及繳納最低稅負。

雖然 2020 年薪資收入在 40.8 萬以下不用繳稅，然而扣繳憑單上有「扣繳稅額」（就是政府先把你的錢當稅金收走，但之後若發現你不用繳稅就會還你）或「可扣抵稅額」（可以讓你抵銷稅金的金額），例如利息扣繳稅，依法可申請退稅，若你沒申報稅額則無法把之前多繳的稅金退回，那真的虧大了！假設你適用退稅情況，而且是網路申報者，政府將列為首批退稅名單，等於你多了一筆錢。

因此，不管你要不要繳稅，我仍然強烈建議你要上網申報。當個人所得達到課稅標準而未辦理結算申報，稅捐稽徵機關除了發單補徵本稅之外，尚可依情節輕重程度，按補徵稅款加處 3 倍以下的罰鍰。再者，未結算申報將使「核課期間」（按：規定課稅事實在一定期間內，稅捐稽徵機關得依法發單徵收或補徵稅捐，逾此期間則不得再行核課，即稅捐稽徵機關行使核課權之期間）從 5 年加長至 7 年。由此可知，無論如何，申報遠比不申報好！

第二章

把愛與錢一起傳下去
——遺產稅篇

1

現在就把錢給你，你還會孝順我嗎？
〈財產移轉規劃〉

擔任會計師多年，我最常被人諮詢的，就是財產的移轉。

財富的主人，若是活著的時候就把財產送人，這叫贈與；死後才給，就叫遺產。這兩者都要課稅，只是計算方式不同，金額不一。

但我認為，這兩者最大的差別，其實不在課稅的多寡，而是衍生問題——財富的主人若選擇生前送人，因為當事人還在世，可以自己親自說明，問題多半不大；若是死後才給，由於當事人已無法說明自己的意願，導致後輩子孫對於遺產的繼承問題紛爭不休。

千萬別以為遺產紛爭這件事，只有財產上億的有錢人才有。我看過很多一般家庭平常為了一棟房子、一張保險單、一塊土地，甚至一小筆存款的遺產，母子交惡、兄弟互告，在我面前立刻從親人變仇人，令人不寒而慄。

遺產的分配，說穿了就兩個字：「公平」。但由於財產的複雜性及多樣性，公平不見得能實現。這讓我想到古老的阿拉伯世界流傳一則充滿智慧的故事：

有一位老人死後留下了 17 隻駱駝及 1 張遺囑給他 3 個兒子。依照遺囑的分配，老大可以得到一半數量的駱駝，老二得 1 ／ 3，老三則是 1 ／ 9。這下問題來了，17 隻駱駝不能整除於 2、3 或是 9（見下頁圖表 2-1），勢必要宰 2 隻駱駝並分屍才可以，但是死的駱駝又

不值錢，三兄弟為了這個問題大傷腦筋，甚至鬧得兄弟鬩牆，最後沒有辦法，只好請族長裁示。

　　族長了解情況後，他笑咪咪的表示，為了要讓三兄弟和睦相處，決定再送他們 1 隻駱駝，共湊成 18 隻。依照遺囑，老大可以得 9 隻駱駝，老二、老三則分別得到 6 隻和 2 隻。有趣的是，三兄弟得到

圖表 2-1　依照遺囑，無法完整分配 17 隻駱駝給三兄弟

		遺囑分配	17 隻駱駝
	老大	1／2	8.5
	老二	1／3	5.7
	老三	1／9	1.9

圖表 2-2　族長多送 1 隻駱駝，可使三兄弟按照遺囑，完整分配 17 隻駱駝

		遺囑分配	17 隻駱駝	＋1 隻駱駝
	老大	1／2	8.5	9
	老二	1／3	5.7	6
	老三	1／9	1.9	2

的駱駝加起來還是 17 隻，多的那 1 隻，仍舊完璧歸趙的回到族長手中（見左頁圖表 2-2）。如此一來，駱駝不會遭到分屍，還可以完全按照他們父親的遺囑，分配 17 隻駱駝。以數量來看，新的方法還比原來該分的還多，沒人吃虧，可謂四贏策略。

我又多想一種情況，假設是 19 隻駱駝又該如何分配？答案是，捐一隻駱駝出來做公益，父母、3 位小孩、社會，打造五贏策略！

一張不清不楚的遺囑，兄弟就此分家

「誰是接班人？」我經常在對企業主講資產傳承的相關主題時，都會說：「事業永續經營要有人接班，財產接班也是如此。」

財富傳承向來就不是一件容易的事，臺灣經營之神王永慶在 2008 年突然病逝後，他的長子要求重新分產、分權的爭端，造成後代子女爭執不休，至今仍未平息；已故長榮集團創辦人張榮發當時有感而發，離世前曾在書中說：「不留財產免得子女爭產……。」甚至也有傳聞，他早就把大部分的財產，捐給財團法人張榮發基金會及其他慈善機構……但如此樂善好施的理想，卻在他身故時，因為一張不清不楚的遺囑，讓一切變得更加繁雜，張榮發的大房、二房為爭產鬧得不可開交，導致張榮發二房的獨子張國煒與大房失和，離開長榮航空。

類似的狀況還有：美福企業黃家三兄弟疑似為了爭奪家產，爆發槍擊慘案。有鑑於此，任何人都該越早規劃資產傳承與移轉越好，而且通常必須注意以下 6 大重點及挑戰：

1. 依照意旨。

前幾年爆紅的電視劇《步步驚心》，在最後幾集裡有一個野史的故事——康熙遺詔：雍正把康熙原本想傳位給十四子遺詔中的「十」字改為「于」字，而雍正是在康熙的十幾位皇子中排行第四，改了這關鍵一字，詔書中的「傳位十四子」就成了「傳位于四子」，於是後來變成我們所熟知的雍正皇帝。

依照意旨，是指想傳承的人希望百年之後，繼承者們能夠依照傳承者自己的內心想法去分配財產，甚至決定一手打造的企業由誰來接班經營、發揚光大。

依照意旨是人性，人只要擁有權力或巨額財富，很自然的在生前會渴望大家都聽命於他／她。因此，成功人士往往滿腹理想，希望一手創辦的企業能夠永續經營，也期待子子孫孫能和平相處、合作無間，家訓永傳後世，而不是數典忘祖。

2. 晚年幸福。

太早把財產給小孩，小孩若沒教育好，就代表自己對財產喪失了控制權。俗話說久病床前無孝子，應避免財產太早過給子女，讓小孩有忘恩負義的誘因及機會，造成自己晚年生活潦倒無人理會。這部分與信託有關，第三章第 6 節會特別介紹。記住，**好的傳承模式會牽涉到法律、信託等方法，提前謹慎規劃一定有好處**。

3. 產權完整。

遺留的不動產若是由多位子女共同繼承，可能會導致每個人持分的面積過小，再加上子女之間如果相處不睦、意見不一致，不容

易單獨自建利用或與他人合建，甚至執行土地分割，大田變小田，那麼不動產從此喪失原本該有的經濟價值[1]。

4. 公平分配。

財產一旦無法公平分配，便容易引發爭奪、兄弟鬩牆，甚至若爭執不休導致久未安葬，還不如一開始就捐給慈善機構。

5. 富過三代。

俗話說「富不過三代」。許多家族通常是第一代拚搏、第二代積累、第三代開始揮霍，再來就家道中落了。然而，譽為世界上最強大的家族之一洛克菲勒家族（按：Rockefeller family，是一個美國的工業、政治、石油業和銀行業的家庭，因為長期控制大通曼哈頓銀行，以及涉足政治、軍事、能源、教育、科學、醫藥、生育、農業、食品、戲劇、文學、音樂等重大行業而聞名於世）已經持續繁榮了七代，至今依舊如日中天。為何他們可以做到？關鍵就在於他們懂得如何做資產傳承規劃。

傳承財富，當然是希望讓後代子子孫孫都能夠家庭安穩，並能有所成就。因此，若留給後代龐大遺產，卻未搭配良好的財商教育及理財觀念，往往容易隨意揮霍財產，養成惰性，甚至惹禍上身。

---

1 《土地法》第34-1條規定，共有土地或建築改良物，其處分、變更及設定地上權、農育權、不動產役權或典權，應以共有人過半數及其應有部分合計過半數之同意行之。

6. 節省成本。

如何節省賦稅成本，關係到遺產價值的估算、遺產稅計算與繳納、是否有海外財產及信託、國內外債權債務的確定及清償、是否要主張剩餘財產差額分配請求權等，所以做好節稅的布局真的非常重要。

圖表 2-3　資產移轉的六大考量重點

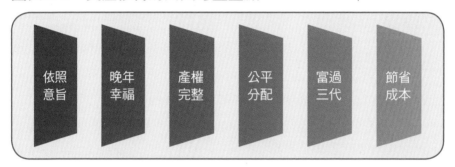

依照意旨　晚年幸福　產權完整　公平分配　富過三代　節省成本

2

健康時就要布局，重病才想來不及
〈遺產稅〉

根據《遺產及贈與稅法》規定，被繼承人死亡遺有財產者，納稅義務人（通常為繼承人）應於被繼承人死亡日起 6 個月內，向國稅局申報。

我有位客戶是臺北市某知名幼教業者。前幾年傳承給第二代，後來創辦人不幸離世，在申報完遺產稅後，收到國稅局來函詢問：「臺端╳╳父，於十多年來陸續匯出新臺幣約 10 億，請說明資金去向，是否有無處分與獲利，若有獲利，資金又流向何方？」

查詢之後才發現，原來多年來，創辦人將所賺到的錢陸續匯到紐西蘭，買不動產、牧場，還擁有許多綿羊，甚至他曾說：「暑假期間聽電臺廣播，不時會聽到王家牧場暑假遊學營的廣告，事實上那就在我紐西蘭的牧場附近，而且我的牧場比他大好幾十倍。」

這個案例給我們什麼啟發？

一、遺產稅是屬人兼採屬地主義，若被繼承人是境內居住者（有臺灣的戶籍，或死亡前 2 年內居留於臺灣超過 365 天），為屬人主義，所以你的遺產，不論藏在天涯海角，依法皆應併入遺產課稅（見下頁圖表 2-4）！

二、你以為平時匯款到國外，國稅局都不知道，其實政府只是不吭聲，默默記錄等著你，當你去跟上帝喝咖啡了，再來算總帳！

圖表 2-4　遺產稅的課徵對象及標的

課徵對象＼課徵標的	境內財產	境外財產
中華民國國民＋經常居住境內	✔	✔
中華民國國民＋經常居住境外	✔	✘
非中華民國國民	✔	✘

趁重病搞鬼？國稅局照樣抓

過去曾有一名納稅人在配偶死亡前 2 年，也就是因重病無法處理財產期間，他以密集且巨額的轉帳方式，擅自將配偶在金融機構的 2.04 億存款，轉自他個人的銀行帳戶，而且在配偶病逝申報遺產稅時，沒有申報他所轉帳的 2.04 億。

事後經國稅局查獲，認定該行為逃漏遺產稅意圖明顯，依《遺產及贈與稅法施行細則》第 13 條規定，將重病期間所提領的 2.04 億存款，全數併入遺產總額課稅，補徵遺產稅 1.02 億（因該案例發生時間是適用遺產稅舊制，故按 50％ 計徵）。

國稅局除了要求他補稅之外，再依《遺產及贈與稅法》第 45 條規定移罰，經裁處還要再繳納漏稅罰鍰 8,184 萬（依稅務違章案件裁罰金額或倍數參考表處所漏稅額 0.8 倍之罰鍰）。合計在重病期間意圖將存款轉帳的行為，付出超過 1.8 億元的代價，形同其配偶生前轉帳的 2.04 億存款化為烏有。

像以上這樣我們可能以為神不知鬼不覺的搬運大法，仍被國稅

局視為遺產，須扣遺產稅，即擬制財產的情況分為 2 種：

　　1. 將亡贈與——被繼承人死亡前 2 年內贈與配偶、依《民法》1138、1140 條各順序排列的繼承人（直系血親卑親屬、父母、兄弟姊妹、祖父母）及其配偶的財產，視為被繼承人的遺產，併入其遺產總額（若當中已繳贈與稅、土地增值稅及其利息，可以抵稅）。

　　2. 重病搞鬼——被繼承人在死亡前，因重病無法處理事務期間，舉債、出售財產或提領存款，而其繼承人不能證明對該項借款、價金或存款做了什麼用途，應將上述借款、價金或存款列入遺產課稅。

　　由此可知，遺產絕對要在人還很健康時就布局，等到生重病才要亡羊補牢，往往都已經來不及了。

遺產總額 ＝ 被繼承人遺產 ＋ 擬制遺產（死亡前 2 年贈與特定對象的財產）

遺產淨額 ＝ 遺產總額 — 免稅額 — 扣除額

應納遺產稅 ＝ 遺產淨額 × 稅率 10%～ 20% — 累進差額 — 扣抵稅額及利息

假設劉爸爸於 2021 年中不幸與上帝喝咖啡去了，遺有配偶及 2 位滿 20 歲子女，劉爸爸死亡時遺產總額有 3 億 3,000 萬，遺產稅怎麼計算？

遺產淨額 ＝遺產總額 3.3 億—免稅額 1,200 萬—扣除額 716 萬（配偶 493 萬＋兒女 50 萬 × 2 位＋喪葬費 123 萬）＝ 3 億 1,084 萬

遺產稅＝遺產淨額 3 億 1,084 萬 × 稅率 20% — 累進差額 750 萬＝5,466.8 萬

圖表 2-5　遺產稅免稅額、扣除額

	項目	金額	身分	注意事項
免稅額	一般被繼承人	1,200 萬元		
	軍警公教人員因公死亡	2,400 萬元		
扣除額	1. 配偶	493 萬元	限境內居住者	拋棄繼承權者不得扣除
	2. 父母	123 萬元		
	3. 直系血親卑親屬 （未滿 20 歲者每年再加扣金額）	50 萬元		
	4. 重度身心障礙者	618 萬元		
	5. 受扶養兄弟姊妹 （未滿 20 歲者每年再加扣金額）、祖父母	50 萬元		
	6. 農地農用（土地及地上農作物價值）	全部		
	7. 死亡前 6～9 年內繼承之財產已納遺產稅者	按年遞減 20%		
	8. 喪葬費用	123 萬元	境內發生	
	9. 負債：死亡前未償之債務 （含稅捐、罰款）	有證明者		
	10. 執行遺囑及管理遺產必要費用	全部		
	11. 公共設施保留地	公告現值		
	12. 剩餘財產差額分配請求權（少者）	財產差額		

※表內數字在未來仍會依物價指數公告調整。

遺產稅怎麼計算？

遺產稅的計算公式如下：

關於免稅額與扣除額之規定，可先看左頁圖表 2-5，我會在第二章第 8 節說明詳細規定。

扣抵稅額及利息是指被繼承人死亡前 2 年內贈與特定的人時，已納贈與稅、土增稅及其利息，還有被繼承人在國外之財產，依財產所在地國法律已納的遺產稅，可以作國外稅額扣抵。

關於稅率，2017 年 5 月遺贈稅新制正式上路，從單一稅率 10%，調整為三級累進稅率，最高達 20%（見下頁圖表 2-6）。

那麼，遺產稅新制、舊制應繳稅金差多少？我把結果整理成下頁圖表 2-7，用遺產淨額 4 種金額來比較新舊制前後稅金的差異。

由下頁圖表 2-7 可以看出，遺產淨額在 5,000 萬以下時，新舊制並無差別；遺產淨額 1 億以上時，稅負成本差異有如一輛賓士車；遺產淨額 2 億以上時，稅負成本差異則有如一棟房子；遺產淨額 10 億以上時，稅負成本差異就有如一間臺北蛋黃區（按：指位在市中心，繁榮、工作機會多且交通便捷的地段，房價高）50 坪豪宅。

假設遺產淨額為 2 億時，舊制為單一稅率 10%，遺產稅為 2,000 萬（2 億 ×10%）；新制採取累進稅率 10% 至 20%，遺產稅為 3,250 萬（2 億 × 20%—累進差額 750 萬）。新制比舊制多 1,250 萬。

假設遺產淨額 10 億時，舊制遺產稅為 1 億（10 億 × 10%）；新制遺產稅為 1 億 9,250 萬（10 億 × 20%—累進差額 750 萬）。新制比舊制多 9,250 萬，是不是等於多送政府一棟豪宅？

圖表 2-6　2020、2021 年申報遺產淨額、稅率及累進差額

遺產淨額（元）	稅率	累進差額（元）
0 ～ 50,000,000	10%	0
50,000,001 ～ 100,000,000	15%	2,500,000
100,000,001 ～	20%	7,500,000

圖表 2-7　遺產稅舊制 vs. 新制

遺產淨額（元）	舊制（元）	新制（元）	差額（元）	增加比例
5,000 萬	500 萬	500 萬	0	0
1 億	1,000 萬	1,250 萬	250 萬	25%
2 億	2,000 萬	3,250 萬	1,250 萬	62.5%
10 億	1 億	1 億 9,250 萬	9,250 萬	92.5%

最療癒老人的事，就是寫遺囑
〈遺囑怎麼交代，才有法律效力?〉

　　常有年長的客戶在跟我討論遺產稅規劃時，抱怨某某小孩不孝順、誰誰誰很現實……許多老人家總是擔心太早把財產給小孩，一旦自己老了、病了，他們會因為財產拿到手，就不懂得孝順及關心自己，甚至有些人還會因為這樣得憂鬱症。

　　這時候我就會勸他們常寫「遺囑週記」，而且要有意無意的讓孩子知道自己有這個習慣。假如你昨天生病住院，大兒子沒來看望你，這有什麼好生氣的？只要在這次的遺囑週記中，把大兒子的繼承比例減少 5% 就好；或是今天二女兒陪你去淡水看夜景，讓你心情很好，那就在遺囑週記中，把二女兒的繼承比例增加 3%……。

如何立遺囑才有效？

　　《民法》規定遺囑有 5 種：自書遺囑、公證遺囑、密封遺囑、代筆遺囑、口授遺囑。在說明之前，請先看下頁圖表 2-8，這是已故前長榮集團創辦人張榮發的遺囑當中的簽名部分，你覺得這是哪一種遺囑？

　　由於遺囑是在立遺囑人死亡後才生效，有時難以考究遺囑內容到底是真是假，因此，對於遺囑的呈現，《民法》有規定 5 種方法，其他形式則通通無效（見 133 頁圖表 2-9）：

圖表 2-8　張榮發的遺囑

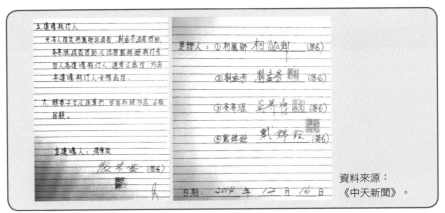

資料來源：
《中天新聞》。

1. **自書遺囑**：必須自己親筆寫下遺囑全文，註明年、月、日，並親自簽名，若有新增、減少、修改或塗改等處，則須另外簽名。

2. **公證遺囑**：指經公證人公證的遺囑。這必須指定 2 人以上的見證人，口述後須由公證人筆記、宣讀、講解，經遺囑人認可。而且見證人及公證人都必須簽名。

3. **密封遺囑**：由自己或他人代寫，密封後向公證人提出，並且必須有 2 人以上見證，並在密封處簽名。

4. **代筆遺囑**：由立遺囑人口述遺囑，由其中 1 名見證人筆記、宣讀、講解、經遺囑人認可，而且必須指定 3 人以上的見證人在場。

5. **口授遺囑**：因生命危急或其他特殊情形，可指定 2 人以上的見證人在場，遺囑人口述意旨，由其中 1 名見證人作成筆記，或由見證人全體口述遺囑與姓名，全程錄音後當場密封。注意，自遺囑人能依其他方式為遺囑之時起，經過 3 個月而失其效力。

圖表 2-9　法定遺囑的 5 種呈現

遺囑種類	區隔	簽名	見證人	公證人
自書遺囑	本人親自書寫	本人親自簽名	非必要	非必要
公證遺囑	必須經過公證	1. 本人簽名或按指印 2. 見證人、公證人全體皆要簽名	必要，而且須 2 人以上	必要
密封遺囑	必須在遺囑密封後，經由公證人、見證人簽名	1. 本人於遺囑以及密封處簽名 2. 見證人、公證人全體於封面簽名	必要，而且須 2 人以上	必要
代筆遺囑	不是本人親自書寫，而由見證人之一代筆	1. 本人簽名或按指印 2. 見證人全體簽名	必要，而且須 3 人以上	非必要
口授遺囑（緊急）	見證人代筆	見證人全體簽名	必要，而且須 2 人以上	非必要
	本人及全部見證人口述錄音	錄音帶密封，見證人於封縫處簽名	必要，而且須 2 人以上	非必要

　　以上 5 種遺囑方式，所有在場人含立遺囑人都須簽名，並註明年、月、日，遺囑人不能簽名者，應按指印代替。

　　另外，不是任何人都可以作遺囑見證人，未成年人、繼承人及其配偶或其直系血親、為公證人或代行公證職務人之同居人助理人或受僱人、受監護或輔助宣告者，皆不得當遺囑見證人。

　　張榮發過世後，他的遺囑在媒體上曝光（見 132 頁圖表 2-8）。由於張榮發遺囑製作的方式，對照遺囑中張榮發的簽名與內容的字跡似乎不同，內容可能不是張榮發親筆書寫，而是由他人代筆，而且有四位見證人簽名，如此一來可以判斷該份不是自書遺囑，可能是代筆遺囑或密封遺囑。

　　2020 年 3 月，臺北地方法院針對張榮發的遺囑做出判決有效，確認遺囑密封處及每頁封縫處皆有張榮發本人的親簽字跡，而這次判決將大大影響遺產繼承人的「特留分」。這裡提到的特留分是法律對遺產繼承人的最低保障，在訂立遺囑時必須特別注意，我在後面會詳細介紹（見第二章第 6 節）。

　　本來，張榮發的遺產 240 億應為配偶及 5 位小孩平均分配（應繼分為 40 億）。不過在遺囑中，張榮發寫明「四子（按：張國煒）單獨繼承」，而且有親自簽名，保證了遺囑的有效性，即使法律保障配偶及其他兄弟姊妹的特留分（應繼分的 1 ／ 2 ＝ 20 億）權利，但扣掉張國煒之外 5 位繼承人的特留分 100 億（20 億 × 5），張國煒將獨得張榮發遺產剩餘的 140 億。

　　張榮發遺產分配計算如下：

張榮發遺產 240 億

繼承人：配偶及 5 位小孩，共 6 位
應繼分：6 位均分，240 億 ÷6 ＝ 40 億
特留分＝應繼分的 1 ／ 2 ＝ 40 億 × 1 ／ 2 ＝ 20 億
張國煒之外的繼承人有 5 位，特留分合計 20 億 × 5 ＝ 100 億
張國煒至少獨得：240 億－ 100 億＝ 140 億

● 節稅小辭典

另舉一例：吳老先生未婚並無子女，只有認一名乾女兒，但未經合法收養。乾女兒長年照顧吳老先生的日常生活，後來吳老先生罹病住院，預料自己不久於人世，他感念乾女兒的照料，所以立了遺囑，希望死後能將財產給與照顧他的乾女兒，但其所做的代筆遺囑，竟遭法官判定無效。為什麼會這樣？

原因是立遺囑人吳老先生無法以口語方式完整表達遺囑內容，由律師在貼近立遺囑人時，透過其氣音、單詞、手勢或點頭、搖頭等動作完成該遺囑，但並非吳老先生全程親自口述，所以無法確認吳老先生之真意是否與律師轉述之內容相同，且見證人事實上並未聽到吳老先生陳述遺囑之內容，自然無從見證該遺囑內容是否出自其真意，故該遺囑被法院判定不符《民法》第 1194 條之規定：「代筆遺囑須由遺囑人在所指定 3 人以上之見證人，均始終親自在場聽聞其親自口述遺囑意旨下為之，遺囑人並須以言語口述，不得以其他舉動表達。所謂『口述』

（續下頁）

乃以口頭陳述，用言詞為之，不得以其他舉動表達。」

由此案件來看，法律上對於立遺囑的方式採取嚴格的要式主義，必須符合法律上的要求，否則即使立了，將來有爭議時，仍可能會被判無效。

而遺囑一旦立了，以後都不可以再更改嗎？當然不是，《民法》規定：「遺囑人得隨時依遺囑之方式，撤回遺囑之全部或一部。」所以即使立了，在生前也還是可以隨時改變。

能分到多少？先弄清繼承順位
〈哪些人是法定繼承人？〉

2008 年，娶有 3 房妻室並擁有 9 名子女的台塑集團創辦人王永慶，於睡夢中辭世後，又爆出另有第 4 房及 3 名子女，他的家產繼承問題引起各界廣泛討論。

其實，不只有錢人家如此，由於未立遺囑，使得家族爭產風波紛擾不休，也常發生在市井小民身上。尤其當有多位繼承人時，遺產的分配常引起繼承人的紛爭。所以每一個人都必須了解《民法》親屬及繼承相關的重要法律規定，這樣不但可以保障自身權益，也可以避免不必要的法律風險。

如何算一親等？從己身所出，己身所從出

遺產的繼承，關鍵就在這句話：「從己身所出，己身所從出。」也就是說，自己親生的小孩算一親等，自己是親生父母所生的，也算一親等。

《民法》第 967 條及第 968 條規定，直系血親者，謂己身所從出或從己身所出之血親；稱旁系血親者，謂非直系血親，而與己身出於同源之血親。

血親親等之計算，直系血親，從己身上下數，以一世為一親等；旁系血親，從己身數至同源之直系血親，再由同源之直系血親，數

至與之計算親等之血親，以其總世數為親等之數。

　　舉例來說，叔叔是幾親等？從圖表 2-10 可以看出，每一個親生關係都算一親等，所以從自己算起，與父親之間是一親等，與祖父之間是二親等，與叔叔的關係是三親等。

圖表 2-10　叔叔是幾親等？

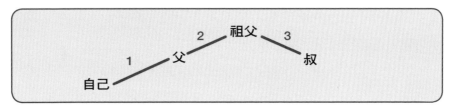

婉君表妹是幾親等？

　　再來從右頁圖表 2-11 可知，表妹對自己來說，算是四親等。鑑於優生學及善良風俗考量，《民法》規定直系血親及直系姻親不得結婚，旁系血親在六親等以內、旁系姻親在五親等以內且輩分不相同者，也不得結婚。雖然瓊瑤小說裡的婉君表妹非常美麗，但不論你們多麼相愛，依法還是不能結婚生育子女。

誰是法定繼承人？請看家族親等圖表

　　我有一位客戶是黃金單身女企業家，既沒有小孩、也沒有兄弟姊妹，再加上她年紀不小了、父母也都辭世了，當然可想而知，她的祖父母也不在了。如果有一天她與上帝喝咖啡去了，請問她的遺

圖表 2-11　家族親等圖表

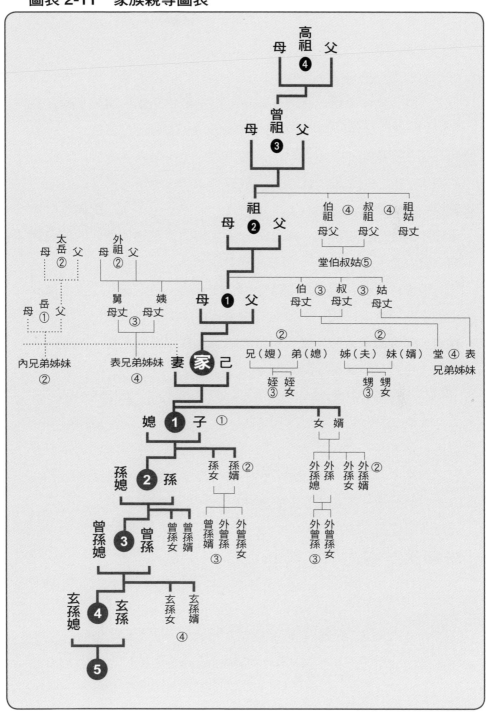

產由誰繼承？

當我每次在各大演講場合詢問：「你的財產的繼承第一順位是誰？」聽眾多半會回答：「配偶。」錯！其實正確答案是配偶與直系血親「卑」親屬。顯然多數人的觀念皆不正確，俗話說：「夫妻同心，其利斷金」，以《民法》的邏輯來說，財產是夫妻兩人同心創造出來的，所以繼承開始時（被繼承人死亡時），有合法結婚的配偶，且未終止夫妻關係者，是「當然繼承人」，所以配偶沒有繼承順序的問題，不論哪一順位的繼承人都必須跟被繼承人的配偶共同分配財產。

依據《民法》第 1138 條規定，遺產繼承人除了配偶之外，繼承順序從第一到第四順位稱為血親繼承人。因為有先後順序，所以當有前一順位繼承人時，後一順位的繼承人就沒有繼承權。血親繼承人包含（見右頁圖表 2-12）：

● **第一順位：直系血親卑親屬。**

包括婚生子女、經過合法收養的養子女、非婚生子女。以親等近者為先，因此，若兒女已繼承財產，那孫子女就沒有繼承權。

特別提醒，非婚生子女，對生母直接有繼承權，對生父則必須經過認領或撫育才有繼承權。另外，繼子女亦無繼承權。

● **第二順位：父母。**

當沒有第一順位繼承人時，始由父母繼承。包括親生父母與養父母。

● **第三順位：兄弟姊妹。**

若沒有第一順位、第二順位的繼承人時，包括同父同母的兄弟

圖表 2-12　血親繼承人的繼承順位

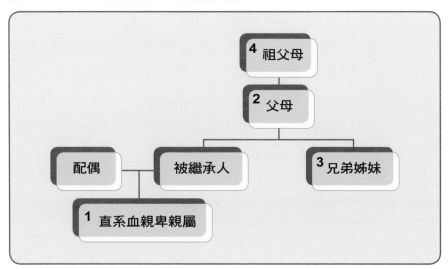

姊妹、同父異母或同母異父的兄弟姊妹、養兄弟姊妹，就可以繼承你的財產。

● **第四順位：祖父母。**

當沒有第一、第二及第三順位繼承人時，包括祖父母、外祖父母及養父母之父母才可以繼承。

如果以上都沒有人可以繼承，遺產就會收歸國庫。所以，假設有一天前面談到的女客戶與上帝喝咖啡了，但她未婚，沒有小孩、沒有父母及祖父母，也沒有兄弟姊妹，那麼她的遺產便會收歸國庫。

於是，這位女客戶在聽完我演講遺產繼承的內容後，當場恍然大悟，緊張的問我：「怎麼辦？」大家七嘴八舌的建議可以寫遺囑、做信託、買保險、捐贈給公益慈善團體、收養子女、趕快花掉……甚至還有人在演講結束後，跑去認這位女客戶當乾姐姐！

　　那麼，單身並且沒有小孩的人，是否可以自由指定自己的遺產由誰繼承？答案是可以，執行的方式就是生前寫好遺囑或訂立信託。（《民法》第 1187 條：遺囑人於不違反關於特留分規定之範圍內，得以遺囑自由處分遺產。）

　　老年化及少子化已成趨勢，未來落入上述狀況的人會越來越多。若最後不想把遺產全送給政府的話，提早準備節稅的布局，便顯得特別重要。

● 節稅小辭典

　　關於遺產稅，我想分享個小故事：

　　郝媽媽 2019 年底過世後留下一筆遺產，而她的 4 個孩子中，偏偏其中 1 個對遺產的繼承和分配不滿意，堅持不跟其他兄弟姊妹見面協調。此時，其他 3 個兄弟姊妹該怎麼辦？郝媽媽的財產該如何繼承分配？

　　如果郝媽媽有遺囑的話即照遺囑辦，若沒有，繼承人可依協議分割遺產。若繼承人間的協議談不攏，只好依法定繼承人的應繼分處理，就此案例來說，遺產應平均分配給 4 位小孩。

　　然而，有幾種狀況比較麻煩。

　　由於只要遺產不過戶登記到各繼承人名下，所有遺產皆無法管理與處分；所以有些繼承人為了取得較佳的談判條件，故意拒不出面處理，或不滿意其他繼承人的協議，遲遲不肯在遺產分割協議書上簽名，造成其他兄弟姊妹的困擾。

（續下頁）

　　另外，依法應於被繼承人死亡後 6 個月內申報遺產稅，不然會被罰鍰，以及死亡之日起 6 個月內，向地政事務所辦理繼承登記；但有些人以為逕自提領屬於自己均分部分的存款、或賣掉股票或不動產就好了，小心此舉會有偽造文書的疑慮。

　　當遇到有繼承人失聯、拒不出面處理、遺產分配談不攏，最後可透過法院訴請裁定遺產分割，通常法院即可依照《民法》的應繼分原則裁定。拿到法院的判決書或裁定書後，便能憑此文件就自己的應繼分部分，向各單位申請繼承登記。

5

繼承？你拿到的是錢還是債？
〈限定繼承與拋棄繼承〉

所謂繼承，多數人想到的都是錢，但很多時候，這天上掉下來的禮物，可能不是錢，而是債。正如俗話所說：「父債子還」！

根據報載，中正大學研究所的何同學，從小父親過世，由爺爺扶養，後來爺爺也走了，那時他才 23 歲，卻替過世的爺爺背負七千多萬元的債務。

另一則「母債子還」的故事是：沈同學年僅 15 歲，都還沒讀高中，卻已經扛著過世母親三十多萬元的債務，平常學費得靠他的阿嬤幫人洗碗，但最近阿嬤手受傷，為了獨自扶養 3 個孫子，忍著痛也要工作……切割不斷的債務，讓這個家庭愁雲慘霧。

像這種承接天上掉下來的債務的情況，到底有多常見？一家專職催討各種金融機構、電信業債務的大型資產管理公司指出，依照催收實例來看，主要債務人去世以後，有 8 成以上的親人不懂得「拋棄繼承」，而這些大都是經濟不佳、負債比資產多的弱勢家庭。

其實，親人去世後，發現當事人在外有負債時，《民法》有「拋棄繼承」及「限定繼承」的方式，供繼承人選擇。

2009 年，修正《民法》繼承制度前，原本為遺產概括繼承原則（按：指繼承人概括承受被繼承人財產上的一切權利和義務），修正後已將繼承改為全面性的限定繼承，即繼承人對於被繼承人的債務，以繼承所得遺產為限，超出遺產額度之外的債務無須負責，因

此，未來將不再有父債子還的情形發生。

而拋棄繼承，則是繼承人完全不能繼承遺產。

該怎麼評估是否辦理拋棄繼承？除了債務原因之外，還有「隔代繼承」的租稅規劃。例如當第二代已面臨高齡，擔心財產短期內會再次被國稅局課徵遺產稅，便可經由拋棄繼承的方式，由年紀較輕的第三代來繼承，前提是所有的第二代須一起拋棄繼承。

舉例來說，假設某君遺產約1億元，由於他的配偶已經過世，依規定應由某君的子女A、B、C三人共同繼承。但A向法院主張拋棄繼承，目的是為了讓A的子女提前繼承祖父的遺產，省去未來由A再繼承移轉給子女的過程中，需要繳交遺產稅。

這種行為是在主張「代位繼承權」，不過法定繼承人須於繼承前死亡或喪失繼承權，他的直系血親卑親屬才能行使代位請求權，因此，A的子女並沒有行使代位繼承權的權利。總而言之，被繼承人某君所遺留的財產，因A拋棄繼承後，依法只能由B、C兩人繼承。除非子女A、B、C三人皆拋棄繼承，才有隔代繼承的效果。

注意！聲請「拋棄繼承」須在知道可以繼承時起3個月內，向被繼承人死亡時住所地的地方法院，提出拋棄繼承聲請狀及相關資料（被繼承人除戶戶籍謄本及死亡證明書、拋棄繼承人之戶籍謄本、繼承系統表、已通知因其拋棄應為繼承之人之證明、印鑑證明、印鑑章等文件），若逾期未聲請則表示放棄該項權利，事後不得以任何理由再向法院提出聲請。

另外，你或許會問，如果都沒有子女，也沒有父母、手足、祖父母，那債務會由誰負責？原則上，根據《民法》第1185條規定：「第1178條所定之期限屆滿，無繼承人承認繼承時，其遺產於清償

債權並交付遺贈物後，如有剩餘的遺產，則歸屬國庫。」因此，無人繼承的遺產由國庫接收，債務也依遺產範圍內清償債務。

● 節稅小辭典

繼承權是不能預先拋棄的，誰都不能強逼你

雖然《民法》規定兩性具有平等繼承財產的權利，然而，臺灣人重男輕女的傳統觀念仍普遍存在，尤其是老一輩的父母，甚至會要求出嫁的女兒拋棄繼承。

曾經有女性朋友跑來請教我，她媽媽有時會暗示，希望將來能把財產都給弟弟繼承，雖然家人平時感情不差，父母也會送她一些東西，不過這類偏心及重男輕女的表示，讓她感到非常難過。

先撇開公不公平這件事，從父母（被繼承人）的角度來看，生前絕對可以自由支配自己的財產，想送誰都沒問題，只要記得考慮贈與稅。至於身後事，也可以透過生前預立遺囑來自由分配遺產，不過要記得繼承人有特留分（法律保障繼承人可取得財產的最低比例）的權利，這在下一節會細詳說明。還有，死亡前 2 年內的贈與財產，仍然視為遺產，也不得侵害其他繼承人的特留分。

如果從女兒的角度來看，首先，如果父母沒有預立遺囑，只是生前口頭說過希望你拋棄繼承，把遺產都給弟弟，等到父母真的過世，你的繼承權利和哥哥或弟弟其實都是相同的，也

（續下頁）

就是遺產均分。

　　但如果父母生前要求你簽署拋棄繼承的書面同意書呢？答案是即使你簽了，也沒有法律效用。為什麼？因為**生前拋棄繼承是無效的**。《民法》第 1174 條規定：「拋棄繼承，應於知悉其得繼承之時起 3 個月內，以書面向法院為之。」假設父母還沒走，你怎麼會有知悉其得繼承之時起的事呢？也就是繼承權是不能預先拋棄的。若要真的聽媽媽的話，我的朋友就必須在父母過世後，才去法院辦理拋棄繼承。

　　這位女性友人聽完我的解說後，突然發現，她的權利目前完全沒有減少，只是媽媽口頭上的安排令她感覺不舒服而已。

6

「陪我最久的就給最多」可以嗎？
〈應繼分與特留分〉

關於被繼承人的遺產分配，首先以遺囑為主，若沒有遺囑則由所有繼承人經協議而定。如果明明有繼承權的你，發現遺囑及遺產分割協議上都沒有你的名字時（很多爸爸覺得某個兒子特別不孝，就故意不留遺產給他），就能用最後一招，《民法》特別為你留的——特留分（見圖表 2-13）。

圖表 2-13　遺產怎麼分配？

遺囑	協議	特留分

裴姓知名資深製片於 2015 年 5 月病逝，他沒有配偶與子女，身後留下價值約 1 億元的遺產，包括存款及兩棟豪宅，最後依據代筆遺囑，分配給他的徒弟，也就是邱姓與楊姓知名製作人及公司員工，卻沒留給 3 位手足。

裴製片的妹妹，質疑代筆遺囑的效力，向臺北地院提告遺囑無效，臺北地院審理後，以遺囑的見證人資格有問題，不符合代筆遺囑要件，判決遺囑無效，邱姓製作人等人敗訴。就算遺囑的形式有效，裴製片的妹妹（法定繼承人）仍可主張「特留分」的扣減權。換言之，即使裴製片本意如此，受遺贈人仍必須把遺產中的特留分

先給法定繼承人，才能取得。

什麼是特留分？顧名思義，是特別為你留的那一份遺產。根據《民法》規定，關於繼承有兩個名詞：一個是應繼分，另一個是特留分。

應繼分是指應該為你留的那一份遺產，是按照繼承人的人數計算，每個人可以獲得遺產的比例，譬如有 3 個第一順位的繼承人，那麼，每個人的應繼分就是 1 ／ 3。

應繼分的規定，是被繼承人對於遺產未做任何意思的分配期間，為了讓遺產公平分配，《民法》特別規定共同繼承時，每一個繼承人可獲得遺產的比例。這個比例又因 5 種情況，而有所不同：

1. 若繼承人只有配偶而已，當然由配偶全得遺產；如果被繼承人沒有配偶，則由該順位的繼承人平均分配。

2. 被繼承人有配偶時，若與子女共同繼承，則應繼分由配偶和子女平均分配。

3. 若配偶和父母共同繼承，則配偶先拿一半，其餘由父母平均分配。

4. 若由配偶和兄弟姊妹共同繼承，則配偶先拿一半，其餘兄弟姊妹平均分配。

5. **若由配偶和祖父母共同繼承，則配偶先拿 2 ／ 3**，其餘 1 ／ 3 的部分由祖父母平均分配。

特留分則是法律對遺產繼承人的最低保障，除了兄弟姊妹及祖父母等繼承人（兄弟姊妹是第三順位，祖父母是第四順位）的特留

分是應繼分的 1 ／ 3 外，其餘繼承人的特留分是應繼分的 1 ／ 2（如圖表 2-14）。

　　然而，被繼承人有權依照對每位繼承人的偏愛程度，事先訂立遺囑，分配財產，只是訂立的遺囑不可違反特留分的規定，也就是要給予每位繼承人最低限度的保障，所以如果被繼承人生前訂立的遺囑，侵害繼承人的特留分（領太少），該繼承人則可向其他繼承人或受遺贈人主張遺產中的特留分。

圖表 2-14　繼承人的應繼分與特留分之遺產比例

繼承順序	配偶	（一）直系血親卑親屬	（二）父母	（三）兄弟姊妹	（四）祖父母
應繼分	均分	均分			
	1 ／ 2		1 ／ 2		
	1 ／ 2			1 ／ 2	
	2 ／ 3				1 ／ 3
特留分	應繼分的 1 ／ 2	應繼分的 1 ／ 2	應繼分的 1 ／ 2	應繼分的 1 ／ 3	應繼分的 1 ／ 3

　　由此可知，在預立遺囑及遺產分配，必須考量特留分的議題。

　　假設某位男子身故後，留有配偶及 1 子 1 女，二房育有 2 女，另有父、母、兄、弟、妹、祖母、外祖父。如果該男子的遺產扣稅後有 2.7 億元，那該男子的繼承人的應繼分與特留分應為多少？答案如下頁圖表 2-15 所示，注意只要是子女，不管哪一房生的都有繼承權，而配偶就只有法定配偶有繼承權。

圖表 2-15　2.7 億元的遺產該怎麼分配？

繼承情況	應繼分	特留分
配偶＆直系血親卑親屬	每人 5,400 萬元	每人 2,700 萬元
配偶＆父母	配偶 1.35 億元，父母每人各 6,750 萬元	配偶 6,750 萬元，父母每人各 3,375 萬元
配偶＆兄弟妹	配偶 1.35 億元，兄弟妹每人各 4,500 萬元	配偶 6,750 萬元，兄弟妹 1,500 萬元
配偶＆祖父母	配偶 1.8 億元，祖父母各 4,500 萬元	配偶 9,000 萬元，祖父母各 1,500 萬元

　　行政院會於 2016 年 3 月 31 日通過《民法》繼承篇大翻修，為了尊重立遺囑人意願以及財產自主，法務部提案降低特留分為應繼分比例。雖立法院尚未三讀通過，但若屆時確定三讀通過，配偶、子女、父母的特留分比例，會從應繼分的 1 ／ 2 降為 1 ／ 3，而兄弟姊妹及祖父母的特留分比例，會從應繼分的 1 ／ 3 降至 1 ／ 4。此外，另增訂〈不孝子女條款〉，若兒女惡意不扶養父母，出現重大虐待、侮辱或無正當理由不扶養，經父母以遺囑、書面、錄音、記錄影音等形式舉證後，兒女將不得繼承財產。

白髮人送黑髮人，怎麼繼承？

　　那麼，如果是父親比爺爺先過世，孫子的應繼分為何？首先，這跟代位繼承有關。依《民法》第 1140 條規定：被繼承人的直系血

親卑親屬，在繼承前死亡，或喪失繼承權，由其直系血親卑親屬代其繼承。也就是說，如果父親比爺爺先身故，等到後來爺爺過世時，孫子可以藉由代位繼承的方式，繼承爺爺的遺產。不過要注意的是，只有第一順位的繼承人有代位繼承的權利，被繼承人（爺爺）的兄弟姊妹、祖父母的直系血親卑親屬，都沒有代位繼承權。

由於代位繼承及隔代繼承，關於應繼分、遺產稅的扣除額，容易搞錯，以下用圖表 2-16 來說明。

假設兒子 A 比父親先身亡或喪失繼承權，那麼孫子 X、Y 代位繼承的應繼分、遺產稅的扣除額（詳見本章第 8 節）各為何？

原本兒子 A 未亡時，由母親、兒子 A 及女兒甲共同繼承父的遺產，而應繼分為各 1／3。然而，兒子 A 比父先死亡，又因為同輩的女兒甲還在世，依《民法》規定，由其直系卑親屬代兒子 A 的位置，也就是孫子 X 及 Y 只能代位繼承原來兒子 A 的總份額（遺產的 1／3），故 1／3 的份額由孫子 X 及 Y 均分，各得到 1／6（代

圖表 2-16　父親比爺爺先過世，孫子的應繼分為何？

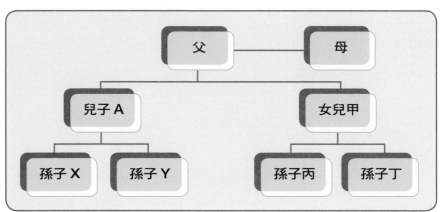

替父母的份額，所以只有原父母所應分的為限： 1 ／ 3 × 1 ／ 2）。

至於遺產稅的扣除額，原本兒子 A 未亡時，父親的遺產稅有兒子 A 的 50 萬、女兒甲的 50 萬及配偶（母親）的 493 萬扣除額。現在因為兒子 A 過世，而他的死亡非故意行為，所以最後有多少直系血親卑親屬繼承，就能擁有多少份扣除額，故父親的遺產扣除額除了有配偶的 493 萬、女兒甲 50 萬，還有孫子 X 50 萬、孫子 Y 50 萬。

那麼，如果是兒子 A 及女兒甲皆拋棄繼承，孫子可以得到多少應繼分？由於兒子這一輩都拋棄繼承了，依《民法》規定，由孫子 X、Y、丙、丁 4 位隔代繼承，與母親均分，因此 5 位繼承人的應繼分各為 1 ／ 5。

至於遺產稅的扣除額部分，因為拋棄繼承是刻意的行為，所以只能以原父母的為限，也就是原兒子 A 加女兒甲的各 50 萬，共 100 萬，以及配偶 493 萬的扣除額，與未拋棄繼承前相同。

7

在國稅局眼裡，哪些財產最值錢？
〈遺產估價方式〉

有一天，我在酒吧聽到 3 位小開正在聊天炫富，他們聊著自己的爸爸多有錢，聽到後來才發現，他們父親的財產都差不多 1 億，只是其中 A 小開的父親大都是存款、B 小開是股票大戶、剩下的 C 小開則是有好幾間房子。

我便笑著跟他們說：「雖然 3 位的父親財產都差不多，然而，當你們繼承時，最後拿到的財產卻可能差很多！」他們聽了都驚訝又好奇的問：「為什麼？」原因就在於**遺產的種類不一樣，課稅的計算價值就不同，更精確的來說，稅後財富將大不相同。**

計算財產價值，以被繼承人死亡時之「**時價**」為準。這邊指的時價分成：土地以公告土地現值，房屋以評定標準價格為準。

投資的部分，上市櫃公司的**有價證券，原則上依繼承開始日、該股票的收盤價來計算。**若是興櫃公司的股票，則依當日加權平均成交價來計算。但當日如果無買賣價格時，則依繼承開始日前最後一日該股票收盤價，若價格劇烈變動，則依其繼承開始日前一個月內收盤價來平均計算。

如果是初次上市或上（興）櫃股票，在公開市場正式掛牌交易、或開始櫃檯買賣以前，雖然沒有收盤價，但是如果有公開承銷價格，應該依照死亡日股票的承銷價格、或是推薦證券商所認購的價格來計算。

　　而未上市、未上櫃，且非興櫃公司的股票，遺產價值原則上以被繼承人死亡日公司的資產淨值（即股東權益）計算。若平日有帳務紀錄，並辦理結算申報的獨資或合夥商號的投資，也是這樣處理。小規模營利事業，則以登記資本額估算。

　　特別提醒，在計算公司資產淨值時，土地、房屋價值的部分，國稅局可以依照死亡日當期的公告土地現值，及房屋評定標準價格來重新核算，當公告土地現值或房屋評定標準現值，大於公司報表上的帳面價值時，就會被調高計入遺產的金額。

　　另外，公司所累積的未分配盈餘數額，國稅局若抽查到，會以稽徵機關所核定的數字為準。

　　基金的時價為基金淨值，保單為保險合約上的保單價值準備金。我把財產估價方式整理如圖表 2-17，並附上國稅局審核的文件。

　　回到前面提到的 3 位小開，可以從圖表 2-17 了解，雖然他們父親的財產都差不多 1 億元，但是課遺產稅的估價基礎都不一樣。

　　A 小開的父親的財產大都是存款，故國稅局會從他父親的存款餘額，加應計利息來估價，所以如果先不管利息，他父親留下來的 1 億，乘以 15% 遺產稅率，扣掉累進差額 250 萬，大約要課 1,250 萬（1 億 × 15% － 250 萬＝ 1,250 萬），課稅後 A 小開能繼承到的財產約 8,750 萬。

　　B 小開的父親為股票大戶，國稅局是看他父親過世時，股票市價約多少價位來估價。如果是飆股則留下比較多的遺產，但相對的，B 小開的父親要繳的遺產稅也高。有一種情況更慘，當國稅局要課稅時，被繼承人的股價飆漲，因此被扣比較高的遺產稅，但由繼承

圖表 2-17 遺產估價方式

財產項目		時價估價方式	文件
土地		公告土地現值	土地謄本
房屋		評定標準價格	房屋稅單
存款		存款餘額＋應計利息	存摺
投資	上市、上櫃股票	收盤價	集保存摺股數餘額證明
	興櫃股票	當日加權平均成交價	
	IPO 初上市櫃	承銷價格或券商認購價格	
	未上市興櫃股票、出資額	淨值（有不動產、股票再依時價調整）	資負表、股東名冊
	小規模營利事業（免用發票）	登記資本額	登記文件
基金		基金淨值	對帳單
保單		保單價值	保險契約
債權		債權金額＋應計利息	債權證明
車、船、飛機		淨值＝成本－折舊	買賣契據
珍寶、古物、美術品、圖書		不易確定市價者，由專家估值	估價文件
地上權		依設定之期限及年租	合約
信託利益之權利		信託利益之價值	信託合約
法未規定者		依市場價值估定	證明文件

人承接幾個月後，股價反轉下跌至總價值比 1 億還低，如此一來，B
小開從父親得到的財產既扣了很高的遺產稅，還因為股票下跌而縮
水了。

　　C 小開的父親則是有好幾間房子，由於不動產是用公告土地現
值加房屋評定標準價格來估計遺產總額的時價，所以假設土地在臺
北市，而且時價只有市價 1 億的 50%（通常公告現值都比市價低
很多），那麼這些不動產計入遺產總額的金額只有 5,000 萬，乘以
10% 遺產稅率，遺產稅約為 500 萬（5,000 萬 × 10% ＝ 500 萬），
C 小開得到的稅後財富至少有 9,500 萬（當然還要看不動產之後的
價格波動）。

　　有鑑於此，遺產估價方式不同，會影響繼承人最後得到多少財
產。若想讓你的子孫都能夠家庭安穩，就要了解相關規則，做好節
稅的布局，達到稅後財富最佳化！

8

多少財產以下不用擔心遺產稅問題？
〈遺產稅免稅額、扣除額〉

跟第一章申報所得稅一樣，遺產稅一樣有免稅額與扣除額。

依《遺產及贈與稅法》第 18 條規定，被繼承人如為經常居住中華民國境內之中華民國國民，自遺產總額中減除**免稅額** 1,200 萬；其為軍警公教人員因執行職務死亡者，加倍計算，即 2,400 萬。被繼承人如為經常居住中華民國境外之中華民國國民，或非中華民國國民，其減除免稅額比照辦理。

扣除額則依《遺產及贈與稅法》第 17 條、第 17 條之 1 規定，有 12 種自遺產總額中扣除，免徵遺產稅的情形，依序是（見下頁圖表 2-18）：

1. 被繼承人遺有配偶者，自遺產總額中扣除 493 萬。

2. 被繼承人遺有父母者，父母每人可從遺產總額中扣除 123 萬。

假設甲君死亡時遺有配偶、母親及已成年之子女三人，甲君遺產稅可列報扣除額為 766 萬（配偶 493 萬＋母親 123 萬＋子女 50 萬×3 ＝ 766 萬）。

3. 繼承人為直系血親卑親屬者，每人可以從遺產總額中扣除 50 萬。其中若有未滿 20 歲者，並得按其年齡距屆滿 20 歲之年數，每

圖表 2-18　遺產稅免稅額、扣除額

	項目	金額	身分	注意事項
免稅額	一般被繼承人	1,200 萬		
	軍警公教人員因公死亡	2,400 萬		
扣除額	1. 配偶	493 萬	限境內居住者	拋棄繼承權者不得扣除
	2. 父母	123 萬		
	3. 直系血親卑親屬 （未滿 20 歲者每年再加扣金額）	50 萬		
	4. 重度身心障礙者	618 萬		
	5. 受扶養兄弟姊妹 （未滿 20 歲者每年再加扣金額）、祖父母	50 萬		
	6. 農地農用（土地及地上農作物價值）	全部		
	7. 死亡前 6 ～ 9 年內繼承之財產已納遺產稅者	按年遞減 20%		
	8. 喪葬費用	123 萬	境內發生	
	9. 負債：死亡前未償之債務 （含稅捐、罰款）	有證明者		
	10. 執行遺囑及管理遺產必要費用	全部		
	11. 公共設施保留地	公告現值		
	12. 剩餘財產差額分配請求權（少者）	夫妻財產差額 ÷2		

※表內數字在未來仍會依物價指數公告調整。

年加扣 50 萬。但親等近者拋棄繼承由次親等卑親屬繼承者，扣除之數額以拋棄繼承前原得扣除之數額為限。

　　舉例來說，假設被繼承人李君有兩位子女，一位 10 歲、一位 7 歲，依公式計算，10 歲的子女適用的扣除額是 550 萬（50 萬＋〔20 歲－ 10 歲〕×50 萬元＝ 550 萬），7 歲的小孩可扣 700 萬（50 萬＋〔20 歲－ 7 歲〕×50 萬＝ 700 萬）。

　　4. 配偶、直系血親卑親屬或父母如果是符合《身心障礙者保護法》第 3 條規定的重度以上身心障礙者，或《精神衛生法》第 5 條第 2 項規定之病人，每人可以再加扣 618 萬。

　　延續甲君的案例，假設甲君的 3 位子女當中有一位是重度的身心障礙者，那麼該名子女適用的扣除額合計是 668 萬（成年子女扣除額 50 萬＋身心障礙扣除額 618 萬＝ 668 萬），合計該家庭可列報的遺產扣除額為 1,384 萬（配偶 493 萬＋母親 123 萬＋子女 50 萬×3 ＋子女身心障礙 618 萬＝ 1,384 萬）。

　　5. 被繼承人遺有受其扶養之兄弟姊妹、祖父母者，每人可以從遺產總額中扣除 50 萬。若兄弟姊妹當中有未滿 20 歲者，並得按其年齡距屆滿 20 歲之年數，每年加扣 50 萬。

　　6. 遺產中作農業使用的農業用地及其地上農作物，由繼承人或受遺贈人承受者，可扣除其土地及地上農作物價值全數的金額。

　　不過，承受人從承受之日起 5 年內，未將該土地繼續作農業使用，而且沒有在有關機關所令期限內恢復作農業使用、或雖在有關

機關所令期限內已恢復作農業使用，而之後又發生沒作農業使用情事者，應追繳應納稅負。但如因該承受人死亡、該承受土地被徵收或依法變更為非農業用地者，則不在此限。

7. 為避免同一筆財產因短期間內連續繼承，而一再課徵遺產稅，加重納稅義務人的負擔，所以規定就該等財產不計入遺產總額、或從遺產總額中按年扣除 20％，以減輕稅負。

也就是說，**被繼承人死亡前 5 年內所繼承的財產已納遺產稅者，不用將該繼承的財產計入遺產總額。**而被繼承人死亡前 6 年至 9 年內，繼承的財產已納遺產稅者，按年遞減扣除 80％（前 6 年）、60％（前 7 年）、40％（前 8 年）、及 20％（前 9 年）。

舉例來說，假設吳君的配偶於 2010 年 4 月 9 日死亡，他遺有土地價值 2,500 萬、房屋價值 200 萬、存款 380 萬，遺產稅經核定並繳清後，土地及房屋由吳君繼承。可是沒過多久，吳君於 2011 年 9 月 23 日死亡，那麼他繼承配偶的土地及房屋，是在他死亡前 5 年內繼承，而且該繼承的財產已繳納遺產稅，因此全數不計入遺產總額。

但如果吳君是在 2016 年 2 月 23 日死亡，距離吳君的配偶離世已過了 6 年，因此吳君繼承配偶的土地及房屋，屬於吳君死亡前 6 年內繼承的財產，而繼承的財產歸為吳君死亡的遺產價值，依他死亡當日的價值計算合計為 3,000 萬，可以扣除 80％ 的遺產總額價值，計算下來可扣除 2,400 萬的遺產價額（3,000 萬 ×80％ ＝ 2,400 萬）。

特別提醒，該項規定只適用於前次繼承時，已繳納遺產稅的財產，若是前次繼承的財產尚未繳納遺產稅，則無法適用該減免。

8. 被繼承人的喪葬費用，以 123 萬計算。

曾有客戶問我，他父親往生所支付的喪葬費用共計 198 萬，當他申報遺產稅時，可否憑實際支付的單據，全數列報為喪葬費扣除額？事實上，被繼承人的喪葬費用是採定額扣除，不可以按實際支出 198 萬全數扣除，因此納稅義務人在申辦遺產稅的時候，不需要檢附支付喪葬費用的相關憑證資料，而是直接以 123 萬列報扣除就可以了。但假如被繼承人是經常居住在國外的我國國民或是外國人，那麼只有在我國境內發生的喪葬費才可以扣除。

9. 被繼承人死亡前，未償之債務，及依法應納的各項稅捐、罰鍰及罰金，具有確實證明者即可扣除。

10. 執行遺囑及管理遺產之直接必要費用全部皆可扣除。

11. 公共設施保留地。

繼承人應附上土地所在地主管機關出具，記載都市計劃編訂日期的土地使用分區證明，以及是否為公共設施保留地，以便國稅局查核。

提醒，如果公共設施保留地在所有權人生前已公告徵收，但是到死亡的時候還沒有公告期滿，那麼這筆公共設施保留地仍然是被繼承人的遺產，免徵遺產稅。但是，如果在所有權人生前已經公告徵收確定，所領取的補償費到死時還沒有支用，或還沒有具領完畢的部分，應該屬於被繼承人的遺產，就這些留下來的數額或還沒領的金額申報課徵遺產稅。

　　舉例來說，假設劉先生於 2019 年 10 月死亡，遺產中有 1 筆在金山的公共設施保留地（簡稱公設地），其公告現值為 1,000 萬。金山的那筆公設地在 2019 年 9 月已經被政府公告徵收，但是直到 2019 年劉先生死亡後，仍然還沒公告徵收期滿，所以這筆金山公設地的公告現值 1,000 萬便可以當扣除額。

　　12. 配偶主張剩餘財產差額分配請求權。

　　藝人賈靜雯與前夫孫志浩離婚時，雙方吵得沸沸揚揚，除了互爭女兒扶養權外，前夫孫志浩更提出「夫妻剩餘財產差額分配請求權」，要求賈靜雯分配 2,600 萬的剩餘財產給他。這則新聞讓大眾驚問：為何豪門丈夫可以向妻子要求分產？

　　依照我國《民法》規定，夫妻財產制分為「法定財產制」與「約定財產制」兩類，其中「約定財產制」又可再分為「共同財產制」及「分別財產制」。而由於在一般民眾缺乏法律知識的情況下，對於婚姻關係存續中的夫妻財產制仍舊相對保守，夫妻之間未做財產制的約定，所以普遍適用「法定夫妻財產制」（見圖表 2-19）。

　　適用法定財產制的夫妻，可以在「法定財產制關係消滅」後，包括離婚或一方配偶死亡，依據《民法》第 1030 條之 1 規定主張「夫妻剩餘財產差額分配請求權」。簡單來說，就是剩餘財產金額較少的一方，可以向剩餘財產金額較多的一方，提出請求兩人剩餘財產差額一半的權利，目的在於保護婚姻中經濟弱勢的一方。

　　回到賈靜雯和孫志浩的案例，孫志浩稱在自家集團上班，月薪三萬多元，年薪僅 40 萬元，但賈靜雯婚後依舊拍戲賺錢，另其資產估算上億餘元，所以最後演變成豪門丈夫要求跟妻子分產。

圖表 2-19　夫妻財產制

法定財產制	約定財產制	
	共同財產制	分別財產制
婚後的財產，夫妻皆各自享有所有權，可以自由管理、使用、收益及處分；各自債務也由各自負擔。（有「剩餘財產分配請求權」。）	夫妻兩人在經濟上是緊密的結合，除了以下3點外，其他財產都是夫妻雙方所共有。 1. 專供夫或專供妻個人使用之物。 2. 職業上必需的物品。 3. 經別人贈與時，特別用書面聲明，是夫或妻的特有財產。	夫妻各自名下的財產歸各自所有，各自債務也各自負擔，和婚前財產關係一模一樣。法定財產制的夫妻財產各自所有，債務也各自負擔，與分別財產制又有何不同？兩者最大的差別是，法定財產制有「剩餘財產分配請求權」，而分別財產制沒有。
你比我多的要分我一半	你的就是我的，我的就是你的	你的還是你的，我的還是我的

而夫妻剩餘財產差額分配請求權為遺產稅扣除額項目之一，不論是夫或妻，只要是剩餘財產較多的一方先過世，生存的一方便能主張行使剩餘財產差額分配請求權，節省遺產稅。計算公式如下：

扣除金額（請求金額）＝雙方剩餘財產（婚後淨資產─無償取得金額）之差額 ÷2

例如，某對夫妻中丈夫的剩餘財產有 1,500 萬元，妻子有 2,000 萬元，當妻子過世，丈夫就可以取得 250 萬元的剩餘財產差額請求

權，該 250 萬元列為被繼承人遺產之扣除額。依現行遺產稅率 10～20%來看（見 130 頁圖表 2-6），形同節稅 25 萬～50 萬；又妻子的遺產淨額（假設其他免稅額及扣除額暫先忽略不計）少於 5,000 萬元，遺產稅率以 10% 計，節稅金額為 25 萬（250 萬 ×10%）。

● 節稅小辭典

老公不務正業，離婚財產怎麼分配？

　　立法院會於 2020 年 12 月 30 日三讀通過《民法》第 1030 條之 1 修正草案，主要就是針對實務上最多人適用的「法定財產制」進行修正。

　　《民法》第 1030 條之 1 原規定是為了保障夫妻婚姻中經濟較弱勢的一方，但若其中一方對婚姻生活無貢獻或協力等情事，致分配有失公平。因此，此次修法後，增列法院調整或免除夫妻剩餘財產分配額之認定要件及審酌因素，以資適用並明確化：

　　1. 為避免法院對於夫妻剩餘財產差額分配於具體個案之認定標準不一，增列「夫妻之一方對於婚姻生活無貢獻或協力，或有其他情事，致平均分配有失公平者」之要件，以資適用（修正之《民法》第 1030 條之 1 第 2 項規定）。

　　2. 為使法院為調整或免除剩餘財產差額分配之裁判時，有具體客觀事由作為審酌之參考，明定法院應綜合衡酌「夫妻婚姻存續期間之家事勞動、子女照顧養育、對家庭付出之整體協

（續下頁）

力狀況、共同生活及分居時間之久暫、婚後財產取得時間、雙方之經濟能力等因素」（修正之《民法》第 1030 條之 1 第 3 項規定）。

換言之，依本次修法內容，法院應綜合衡量婚姻存續期間對於家事勞動、子女照養及雙方經濟能力等因素綜合評判，讓法官在審酌、裁量時，可以有具體的依據，使配偶離婚後的財產分配更趨公平、更能保障雙方。而夫妻之一方對於婚姻生活疏於貢獻或協力義務，導致平均分配有失公平者，法院得調整或免除其分配額。

也就是說，若賈靜雯與孫志浩是在修法後（2021 年）才離婚，且孫志浩在雙方婚姻存續期間的貢獻或協力義務較少，則法官可以審酌裁量給予較低的「夫妻剩餘財產差額分配請求權」，甚至完全不給予其差額分配。

經過本次修法，對於夫妻一方不務正業，或不／極少負擔家庭責任的配偶，若想透過離婚並行使「夫妻剩餘財產差額分配請求權」來獲得高額財產，將變得較為困難。

特別注意的是，第 159 頁～ 164 頁這 12 項扣除額當中，被繼承人若是經常住在國外的中華民國國民，或非中華民國國民者（詳見第二章第 2 節），不適用前面第 1 項至第 7 項之規定。另外，第 8 項至第 10 項的規定，以在中華民國境內發生者為限來扣除。如果繼承人當中有拋棄繼承權者，不適用第 1 項至第 5 項的規定（見 160

頁圖表 2-18）。

　　過去曾有一位王董在申報遺產稅案件時，主張被繼承人生前曾以其股票向第三人質押借款，列報為被繼承人死亡時未償債務，並從遺產總額中扣除。然而，納稅義務人檢附被繼承人於東南亞某國與第三人簽訂的借款契約，雖然已經過該國政府的公證人認證，但債務發生地是在國外，而不是在本國境內發生，不符《遺產及贈與稅法》規定，被國稅局拒絕自遺產總額中扣除該債務。

這些遺產，不計入遺產總額

　　鄭員外是一位非常有愛心的人，他名下財產有存款 1,000 萬，不動產 5,000 萬，他在遺囑上特別交代老婆及 2 位小孩要把一部分遺產捐給慈善機構。於是繼承人們協議，依照鄭員外的遺願，把其中一筆市價 1,500 萬的不動產，捐給鄭員外生前成立的財團法人鄭氏紀念基金會，作為建設育幼園使用，另外捐贈現金 1,000 萬給基金會，作為育幼園營運基金，所以共捐贈了 2,500 萬。

　　慈善捐贈後，鄭員外的遺產只剩一筆市價 3,500 萬的不動產。但財產價值的計算，是以被繼承人死亡時的時價為準，所以這筆不動產的土地公告現值及房屋評定現值合計數僅 1,900 萬，再扣除 1,916 萬（免稅額 1,200 萬＋配偶 493 萬及 2 位孩子的扣除額各 50 萬＋喪葬費扣除額 123 萬），遺產淨額為 -16 萬元，不用課遺產稅。

　　看出鄭員外節稅的布局了嗎？他正是因為知道捐贈慈善機關的財產不計入遺產總額，所以最後達到稅後財富最佳化！那麼，還有哪些財產不計入遺產總額呢？依《遺產及贈與稅法》第 16 條規定，

下列各款財產不計入遺產總額（見圖表 2-20）：

1. 捐贈各級政府及公立教育、文化、公益、慈善機關之財產。

2. 捐贈公有事業機構或全部公股之公營事業之財產。

3. 捐贈於被繼承人死亡時，已依法登記設立為財團法人組織且符合行政院規定標準之教育、文化、公益、慈善、宗教團體及祭祀公業之財產。

4. 遺產中有關文化、歷史、美術之圖書、物品，經繼承人向主管稽徵機關聲明登記者。但繼承人將此項圖書、物品轉讓時，仍須自動申報補稅。

5. 被繼承人自己創作之著作權、發明專利權及藝術品。

6. 被繼承人日常生活必需之器具及用品，其總價值在 89 萬以下

圖表 2-20　哪些遺產不計入遺產總額？

	項目	不計入遺產金額
不計入 遺產總額	捐贈政府或非營利團體、公益信託、公共道路	全部
	指定受益人之人壽保險金額	保險性質全部
	軍公教勞工農民保險金額及互助金	全部
	死亡前 5 年內繼承之財產	已納遺產稅者
	日常生活必須之器具及用品	89 萬
	職業上之工具	50 萬

※表內數字在未來仍會依物價指數公告調整。

部分。

7. 被繼承人職業上之工具，其總價值在 50 萬以下部分。

8. 依法禁止或限制採伐之森林。但解禁後仍須自動申報補稅。

9. 約定於被繼承人死亡時，給付其所指定受益人之人壽保險金額、軍、公教人員、勞工或農民保險之保險金額及互助金。

注意，若要保人與受益人不相同之保險死亡給付，必須另行考慮有所得稅中最低稅負制（基本稅額條例）的問題。

10. 被繼承人死亡前 5 年內，繼承之財產已納遺產稅者。

11. 被繼承人配偶及子女之原有或特有財產，經辦理登記或確有證明者。

12. 被繼承人遺產中，經政府闢為公眾通行道路之土地或其他無償供公眾通行之道路土地，經主管機關證明者。但其屬建造房屋應保留之法定空地部分，仍應計入遺產總額。

13. 被繼承人之債權及其他請求權不能收取或行使確有證明者。

有多少財產以上的人才要考慮遺產稅？

通常有配偶者，遺產約 1,800 萬以下（免稅額 1,200 萬＋配偶扣除額 493 萬＋喪葬費用扣除額 123 萬）不用擔心遺產稅的問題；單身無子者則約 1,300 萬以下（免稅額 1,200 萬＋喪葬費用扣除額 123 萬），不用擔心遺產稅。別以為這金額很多，臺北市現在許多房子的公告現值多半超過千萬以上，若再加上銀行存款、股票、基金，要繳遺產稅的人其實不在少數。

● 節稅的布局番外篇

當婚姻關係結束，法律保障你明算帳 —— 夫妻剩餘財產差額分配請求權

剩餘財產差額分配請求權指的是夫妻「婚後」的財產，扣除婚姻關係存續期間所負債務後，如有剩餘，其雙方剩餘財產之差額應平均分配。不過也有一些例外，例如：婚前財產於婚後所產生的孳息利息（如租金、利息收入等），則可計入婚後財產；婚後財產如果是經由繼承、贈與或慰撫金等，則不計入婚後的財產所得。

總的來說，婚後財產可概略分為 3 種：

1. **結婚後所得之財產**：凡婚姻關係存續中所獲得之財產，不分財產之種類或財產之性質，均為婚後財產。

2. **推定婚後財產**：不能證明為婚前財產或婚後財產者，依《民法》第 1017 條第 1 項規定，即推定為婚後財產，保護夫妻中經濟弱勢的一方。

3. **婚前財產於婚後所生孳息**：依《民法》第 1017 條第 2 項之規定，婚前財產於婚姻關係存續中所生的孳息，視為婚後財產。

而可以計入分配的婚後財產項目有：

1. **動產**：如存款、股票、汽車、基金、保險等均包括在內。

而退休金如果在離婚當下已經領取，即包括在內；尚未領取者，除了公務人員在某些狀況下（如請求主體限於沒有工作之配偶、結婚須滿 2 年、沒有喪失申請退撫給與之權利等）可計入分配以外，其他原則上不包括在內。

●**存款**：婚前存款於婚姻關係存續中所孳息之利息，視為婚後財產。

●**股票**：上市、上櫃或興櫃有價證券，依收盤價（以法定財產制關係消滅日或離婚起訴日的股票價格計價）；未上市上櫃之股份有限公司股票以及非股份有限公司出資價值，依資產淨值換算。如為婚前持有股票，則不屬於可分配範圍，不過若是婚後獲配的股利，則應計入請求權計算基礎。

●**基金**：以基金淨值估定其價值。

●**儲蓄險**：婚後才投保的儲蓄險保單，也可以列入剩餘財產分配。

●**保單價值準備金**：長年期的保單會有保單解約金，要保人選擇保單借款或解約，可以取得現金，也可以用來計算在剩餘財產分配。

2. **不動產**：以不動產登記日為準，亦即婚前買的房子，不計入剩餘財產分配。

須特別注意的是，剩餘財產差額請求是指以金錢給付，並非指直接過戶不動產的一半，在法律上屬於債權請求權，而不是物權請求權。

3. **債權**：以債權額估定其價值。例如婚後借給朋友 50 萬元，

在離婚計算婚後財產時，這 50 萬的債權將可以計入分配。

至於剩餘財產分配請求權之時效，自請求權人知有剩餘財產之差額時起算 2 年間，或是自法定財產制關係消滅（離婚或他方死亡）時起算逾 5 年行使，逾時則請求權消滅。

舉例來說，有一對 A 氏夫妻，丈夫名下財產有存款 5,000 萬元，其中 3,500 萬是繼承取得的不動產，而妻子名下財產有存款 2,000 萬元；當兩人的法定財產制關係消滅，剩餘財產分配請求金額計算如下：

請求金額＝雙方剩餘財產（婚後淨資產－無償取得金額）之差額 ÷2

丈夫剩餘財產＝ 5,000 萬元－ 3,500 萬元＝ 1,500 萬元
妻子剩餘財產＝ 2,000 萬元
夫妻剩餘財產差額＝ 2,000 萬元－ 1,500 萬元＝ 500 萬元
丈夫可向妻子請求的金額＝ 500 萬元 ÷2 ＝ 250 萬元

再舉一例，A 與 B 於 2010 年結婚，婚前 A 有所得 500 萬元，而 B 結婚時娘家贈與嫁妝 100 萬元，婚後 A、B 均上班工作，但兩人因個性不合於 2020 年離婚。此時，A 連同婚前之工作收入，共有財產計 3,000 萬元，其中 200 萬為婚後繼承父親的遺產所得，10 萬元係因車禍受傷取得之慰撫金，及一間婚後購買的房地價值 1,500 萬元，房貸 800 萬元；而 B 婚後工作收入連同婚前嫁妝共有 300 萬元，另負債 20 萬元。

關於剩餘財產差額分配請求權金額之計算如下：

A 應列入分配之財產＝全部財產 3,000 萬－婚前財產 500 萬－婚後繼承取得財產 200 萬－慰撫金 10 萬＋房地產 1,500 萬－房貸 800 萬＝ 2,990 萬元

B 應列入分配之財產＝全部財產 300 萬－婚前財產 100 萬－婚後負債 20 萬＝ 180 萬元

故 A 應給 B 之金額＝（2,990 萬－ 180 萬）÷2 ＝ 1,405 萬

特別提醒，主張剩餘財產差額分配請求權有 3 大注意事項，整理如下：

● 剩餘財產差額分配請求權僅限夫妻雙方可以提出，其他人不能代位提出主張。

● 夫妻剩餘財產分配屬於請求權，而非物權，若未向國稅局主張時，即表示其配偶不行使該項請求權。

● 若主張請求權的是妻子，而妻子也不幸於請求後去世，那麼請求而來的剩餘財產須列入妻子的遺產中，所以妻子的遺產稅將較未請求時多。

9

照顧家人也照顧荷包
〈如何用保險節省遺產稅？〉

　　吳先生及高先生年齡都 55 歲，是好同學也是好朋友，都喜歡跑車，還有美麗的老婆、育有一兒一女，而且兒女皆已滿 20 歲各自成家，更巧的是都各擁有 1 億元財產，其中有 5,000 萬元存在銀行。

　　某次他們一起開跑車，老天卻對這 2 個好兄弟開了一個大玩笑。當時 2 人的跑車發生擦撞，導致雙方皆不幸意外身故，結果，2 個家庭最後繼承的遺產竟然差距高達 554 萬。這是怎麼一回事？

　　吳先生的遺產 1 億元扣掉免稅額 1,200 萬、配偶的扣除額 493 萬元、子女的扣除額 100 萬和喪葬費 123 萬，合計遺產淨額為 8,084 萬元。乘以遺產稅率 15％，再扣掉累進差額 250 萬，得出吳先生得繳 962.6 萬的遺產稅。因此，吳先生的老婆及小孩繳完遺產稅後，可以繼承 9,037.4 萬，其計算如下：

吳先生的遺產淨額＝ 1 億—1,200 萬—493 萬—100 萬—123 萬
＝ 8,084 萬
吳先生的遺產稅＝ 8,084 萬 ×15％—250 萬＝ 962.6 萬
吳先生剩餘的財產＝ 1 億—962.6 萬＝ 9037.4 萬

　　而高先生因為有極高的風險意識，所以他將 4,000 萬存款，投保多張以自己為要保人、被保險人及生存受益人的終身還本保險，

而身故保險金則指定由子女均分。如此一來，高先生除了和吳先生扣一樣的免稅額和扣除額之外，根據《遺產及贈與稅法》第 16 條第 1 項第 9 款規定[2]，人壽保險金額不計入遺產總額，故生前的保費使存款減少 4,000 萬，算出遺產淨額為 4,084 萬，再乘以 10% 稅率，得出遺產稅要繳 408.4 萬。他的妻小共可繼承 9,591.6 萬（為簡化，本例保額 4,000 萬，通常會更高），其計算如下：

高先生的遺產淨額＝ 1 億— 1,200 萬— 493 萬— 100 萬— 123 萬—
4,000 萬＝ 4,084 萬
高先生的遺產稅＝ 4,084 萬 × 10% ＝ 408.4 萬
高先生剩餘的財產＝ 1 億— 408.4 萬＝ 9,591.6 萬

看出來了嗎？他們 2 人最大的差別就在於是否有風險意識。由於高先生身故時，子女各自領得的身故保險金，不必課徵遺產稅，而且因為沒有超過 3,330 萬，未達個人基本所得額，不必納入最低所得額計算，因此透過保險規劃，替高先生的家人省下五百多萬元可觀的稅負支出。

有鑑於此，保險的確是節省遺產稅最簡單也是最基本的方法。然而，既然大家都知道保險有節省稅負的效果，就一定會有人過度使用。本篇首先列表解釋保險到底有多大的節稅效果？再舉出幾項

---

2 《保險法》第 112 條規定：「保險金額約定於被保險人死亡時給付於其所指定之受益人者，其金額不得作為被保險人之遺產。」另外，《遺產及贈與稅法》第 16 條第 1 項第 9 款規定：「約定於被繼承人死亡時，給付其所指定受益人之人壽保險金額、軍、公教人員、勞工或農民保險之保險金額及互助金……不納入遺產總額。」

重點，提醒保險給付仍課遺產稅的情況。

保險節稅的力量

　　保險可在資產傳承發揮到什麼樣的程度？可以達到 100％ 的傳承結果嗎？答案是有機會，甚至有可能超過 100％。

　　假設一位 40 歲父親，有 2 名成年子女，父親資產總額 1 億，他正思考要如何規劃比較節稅，分別有 4 種方式可以計算（為簡化計算，暫先忽略遺產免稅額及扣除額），結果如下頁圖表 2-21：

　　1. 未作任何事前規劃，把全額遺產 1 億留給下一代。

　　2. 在每年免稅贈與額度 220 萬以內，生前贈與給小孩 20 年，每位小孩每年受贈 110 萬。

　　3. 以父親自己為要保人及被保險人，指定 2 位小孩為受益人（保險給付均分），投保年繳 220 萬的 20 年期傳統終身壽險，保險金額為 5,500 萬。

　　4. 同時實施第 2 種生前贈與及第 3 種保險計劃。

　　從下頁圖表 2-21 可知，第 4 種方式（生前贈與再加上保險計劃）的傳承比例最高，代表移轉財富的效果最好，顯見保險除了發揮愛與責任的人性，節稅效果也發揮得很好。

　　不過要注意的是，從 2006 年開始有最低稅負制的問題，每一申報戶身故死亡給付大於 3,330 萬者，超過 3,330 萬的部分開始計入課徵綜所稅中的基本稅額條例。若購買的是投資型保單，投資部分是

圖表 2-21　保險節稅效果

	保險規劃方式	生前贈與（元）	投保保費（元）	遺產餘額（元）	遺產及贈與稅（元）	保險給付（元）	傳承資產（元）	傳承比例
1	未規劃	0	0	1 億	1,250 萬	0	8,750 萬	88%
2	生前免稅贈與 20 年	4,400 萬	0	5,600 萬	590 萬	0	9,410 萬	94%
3	壽險：年繳保費 220 萬，20 年期	0	4,400 萬	5,600 萬	590 萬	5,500 萬	1.051 億	105%
4	生前免稅贈與 20 年 & 壽險：年繳保費 220 萬，20 年期	4,400 萬	4,400 萬	1,200 萬	120 萬	5,500 萬	1.098 億	110%

1. 遺產餘額：原資產總額 1 億，減生前贈與，再減掉投保投費。
2. 遺產及贈與稅金額：各遺產餘額乘上 10% ～ 20% 遺產稅率，再減掉累進差額（見 130 頁圖表 2-6）。
3. 保險給付：假設保險合約是 20 年期平準終身壽險，要保人及被保險人為父親，受益人為 2 位小孩均分，年繳保費 220 萬，共繳費 20 年，累積保費 4,400 萬，依照國內某保險公司的商品內容，40 歲健康男性，職級 1 類，保險身故給付金額約為 5,500 萬（實際保險給付尚須就個案投保情形為準）。
4. 傳承資產＝生前贈與＋遺產餘額－遺產及贈與稅＋保險給付。
5. 傳承比例＝傳承資產／原資產總額 1 億（代表原資產遺留給下一代的比例）。

要繳所得稅及有可能要繳遺產稅的。

　　多數情況，只要被保險人與受益人不相同，且有指定受益人之保險給付，皆不用計入被保險人的遺產課稅。

　　特別提醒，現行《遺產及贈與稅法》規定，約定於被繼承人死亡時，給付其所指定受益人之人壽保險金額，不計入遺產總額，指的是當要保人與被保險人同一人，在要保人死亡時，把保單的人壽保險金額給付給指定受益人，免計遺產稅。

　　反之，當要保人與被保險人不同人，要保人如果以家人為被保險人購買保險，在要保人死亡時，因保險事故尚未發生，並不涉及保險金額給付，但其投保的保單是具有價值的財產，是要作為被繼承人的遺產，應列入遺產課稅。

　　由於保險公司以往通報給國稅局的資料非常少（見圖表2-22），因此保險是非常好的資金庇護所。但自從最低稅負制及投資型保單開始課稅後，國稅局的那隻稽查之手，將會陸續伸入蒙著面紗的保

圖表 2-22　目前保險公司通報給國稅局的資料

稅目	通報資料內容
一般綜合所得稅	理賠款延滯利息所得及所得稅法各類所得之扣繳憑單。
最低稅負制（基本稅額）	要保人與受益人不同之人壽保險及年金保險，其受益人所領的保險給付。
綜合所得稅－保險費列舉扣除額	人身保險費繳費資料。
大陸地區來源所得	大陸地區來源所得資料。

險工具，所以納稅義務人不可不慎，多加認識保險課稅的規定，宜小心規劃。

另外，現在越來越多人喜歡利用保單借款，請特別注意，被繼承人生前之保單借款，若保險公司於理賠給付金額已扣除保單借款之金額者，繼承人無須再以繼承財產償還之，不可列報扣除額。

舉例來說，臺北高等行政法院曾有一案例，美惠的先生吳昆曾在 1998 年 12 月 24 日向 A 壽險公司投保 2 張躉繳（按：躉音同盹，躉繳指的是一次繳費後，就不用再繳費）還本型終身壽險，保險金額各為 1,000 萬，每筆保費為 1,329.3 萬。

隔年（1999 年）2 月 3 日及 2 月 11 日，吳昆隨即向 A 壽險公司辦理保單貸款 2,075 萬（分別為 1,036 萬及 1,039 萬），沒料到同年 8 月吳昆便身亡。到了 2000 年 4 月美惠向國稅局辦理遺產稅申報時，將先生積欠 A 壽險公司的 2,075 萬貸款，當作未償債務從先生遺產中扣除，可是臺北市國稅局卻認為該筆貸款算保費的取回，不屬於吳昆生前債務，因此將美惠申報認列的該筆扣除額剔除。

10

保險也有三高，要注意！
〈保險給付仍課遺產稅？〉

　　徐老先生是一家公司的大股東、資產豐厚，有一次他參加朋友的葬禮，想到人生無常，加上年紀越來越大，若有一天自己也要離開這個世界，那要繳的遺產稅可不少。

　　他聽說保險給付可以免繳遺產稅，於是他找了保險公司的保險業務員來討論詳細的方法。業務員說，依據《遺產及贈與稅法》規定，**保險死亡給付可以不計入遺產總額，不但如此，被繼承人死亡前未償的債務，也可以從遺產中扣除。**

　　因此，經過一番討論後，他們想到一個辦法。這個辦法就是由徐老先生投保這家人壽公司推出的「平安幸福還本型終身壽險」，指定由他的小孩當受益人，並且用躉繳方式，一次繳清保費一千多萬，再利用保單質借的方式，向保險公司借 1,000 萬。

　　如此一來，一旦徐老先生走了，保險公司的保險給付不但可以免稅，借款還可以從遺產中扣除，所以即使保費比理賠金還高，但節稅效果更高。

　　然而，一年多後，徐老先生因病過世了，他的繼承人主張徐老先生的身故保險給付依法不計入遺產總額，而且在遺產總額中，主張扣除該筆保單借款 1,000 萬元，但國稅局認為這樣屬於故意避稅，所以仍必須依法課稅。

　　接著，家屬經過訴願無效後，提起了行政訴訟。不過，由於徐

老先生高齡帶病投保，保費高於理賠，而且先以躉繳方式一次付清後，再以保單質押借款……都已經違反一般正常的保險常態，因此法院認為這屬於租稅規避，而不是合法的節稅，判決國稅局以實質課稅原則核實課稅，並不違法。最終，徐老先生的小孩仍必須補繳稅金，並被罰款，真是得不償失呀！

根據《遺產及贈與稅法》第 16 條不計入遺產總額，其中第 9 款，約定於被繼承人死亡時，給付其所指定受益人之人壽保險金額、軍、公教人員、勞工或農民保險之保險金額及互助金。

然而，近十多年，越來越多高額保單被課徵遺產稅或贈與稅的判決案例。實務上，稅務機關會綜合個案狀況進行實質認定，如果認定所投保的保單是為了逃避遺產稅，將會依實質課稅原則課徵遺產稅，而這些被補稅的案例有以下共同特色：**高額保單、高齡投保、高資產、短期內死亡、重病投保、躉繳保單。**

這 6 項常見、應避免的「三高短重躉」，相信一般理財顧問大概都知道，但仍有知其然不知其所以然的情況。那麼，身邊沒有理財顧問的人要如何避免呢？財政部整理了數十個案例，歸納過去國稅局依據實質課稅原則，而對死亡人壽保險金課遺產稅的特徵，我們現在就來好好弄懂，法官對於保險給付仍課遺產稅情況的真義：

1. 看你的投保目的。

退休規劃所需資金合理嗎？保險金那麼高，真的是為了照顧遺族，還是骨子裡是為了節稅？例如，保額在 1,000 萬以上到數億的金額，都被認定是巨額投保，而其實對於有需要進行財產轉移的人來說，要超過上述的金額很容易。

2. 看你的身體狀況。

保險是對未知的風險所準備的保障，直到高齡或重病時，才想要投保來規避遺產稅，並不符合保險原則。

●高齡投保：照理說老人家不會想太多，保險公司也不太願意核保。若超過 73 歲投保，通常將被認為高齡投保。不過**實務上，65 歲以上購買保險還是應格外小心稅捐單位的懷疑。**

●重病投保：根據《遺產及贈與稅法施行細則》第 13 條規定，被繼承人死亡前，因重病無法處理事務期間舉債或出售財產，而其繼承人對該項借款或價金不能證明其用途者，該項借款或價金，仍應列入遺產課稅。

所以，包含癌症、高血壓、糖尿病、中風、洗腎、帕金森氏症、失智、憂鬱或老年退化等症狀或疾病，在罹患之後才投保，就有可能被國稅局認為，是想規避稅負。由此可知，儘早投保、趁年輕就投保，除了能讓複利效果倍增外，還有避免被查稅的好處。

3. 看你的投保時間。

這又分成短期死亡及密集投保兩種狀況：

● 短期死亡：多短？依照《遺產及贈與稅法》第 15 條規定：「**被繼承人死亡前 2 年內贈與個人之財產，應於被繼承人死亡時，視為被繼承人的遺產，併入其遺產總額。**」所以，通常短期的定義約為 2 年。不過，實務上也有投保 10 年才過世，卻被查稅的案例。由於國稅局會調閱死者病歷，若他們發現被繼承人投保時，已有癌症、中風、重大手術等高危險的疾病，法院將視當時投保的動機有逃漏稅嫌疑。

● 密集投保：什麼事情需要大驚小怪的在兩、三年內累積購買兩張到數十張保險？這類明顯與正常狀況差異大的投保行為，即使國稅局沒發現，保險公司也會互相追蹤通報，避免受到惡意複保險的傷害。

4. 看你的財產多寡。

家財萬貫的你有天離開人世，家人真的會因此生活無助嗎？家裡的經濟生活會匱乏嗎？配偶及小孩真的有差你這張保單嗎？

常見稅務訴願駁回及行政法院判決國稅局勝訴之理由，皆會採用以下的說法：保險的目的，是在分散風險消化損失，即以較少的保費獲得較大的保障。又因《保險法》第112條及《遺產及贈與稅法》第16條第9款前段規定，被繼承人死亡時，給付所指定受益人的人壽保險金額，不計入遺產總額，是考量被繼承人投保的目的，是為了保障並避免受益人因其死亡而生活陷於困境，所以予以免徵遺產稅，而不是鼓勵或讓一般人利用這種方式，任意規避原應負擔之遺產稅。

有鑑於此，對於為了規避遺產稅負，而投保與經濟實質顯不相當之保險者，基於量能平等負擔之實質課稅原則，當然不適用《保險法》第112條及《遺產及贈與稅法》第16條第9款前段規定。

像本節一開始徐老先生的案例，他本身就在經營大企業，他的小孩子也都成年，並在父親的企業集團中擔任要角，薪資及配發股票豐厚，基本上沒有父親的遺產也可以繼續奢華消費、安全終老，所以國稅局遇到這種家庭，都會加以嚴查他們生前的投保狀況。

5. 看你的投保行為。

蔡姓老翁生前向某人壽公司投保，即期終身年金保險 11 份，保證期間 15 年，在世時由自己領取每年年金，並指定身故後，保險金的共同受益人為子女及長孫 5 人，保險費高達 1.228 億。

1998 年 7 月，蔡姓老翁以名下土地向銀行設定抵押，並以每次借期一年、借款本息到期一次清償的方式，借款 1.23 億來躉繳保費。當一年借期到期時，先由子女代付利息，等他領到年金後返還，至於本金的部分，再以借新還舊的方式續借。

簡單來說，蔡姓老翁生前抵押不動產，借款一億多元來投保，是為了減輕遺產稅，但弄巧成拙，國稅局認為他舉債投保是為了規避遺產稅，於是在他過世後，仍將留給遺族的保險金給付，以遺產計稅共達近 9,900 萬。遺族收到通知後，便提起行政訴訟。

不過，法院認為，我國男性平均年齡為 72.2 歲，蔡姓老翁卻於 73 歲時，投保證期間高達 15 的年金保險，雖然他生前已領取 5 年的年金，但目的在償還銀行借款利息，而且總計遺族可領的生存及身故年金給付數額，還不夠清償他借款本息，再加上假設是為了排除規避遺產稅的利益，根本沒有實益可言。

而這種行為就稱為「舉債投保」，若被繼承人的遺產稅申報中有列負債扣除，又有大額保險給付，國稅局會追查保費的來源。當他們發現這是來自於向銀行或他人貸款，取得資金進行巨額投保，便會認定這是為了規避遺產稅而做的安排，並依照實質課稅原則，將該筆保單列入被繼承人遺產總額，課徵遺產稅。

總之，人一定要懂風險管理，尤其特地借錢買保險，就是管理過度！

6. 比較你的保費與保險金大小：

以建築業起家、高齡 81 歲的邵董，在 2002 年左右購買了某家保險公司的終身壽險等多張保單，保費高達 2.22 億，保額為 2.2 億，保險受益人是 5 名子女及媳婦。後來 2005 年 6 月邵先生去世時，獲理賠兩億多萬元，卻被國稅局查獲要求補稅。家屬上訴後最終仍然敗訴，應補繳遺產稅及罰款。為什麼？

因為保險應該是繳交小額保費，於未預期的事故發生後，受益人可以獲得較大金額的保障。若保險給付等於或低於已繳保險費，甚至保險給付接近已繳保險費加計利息金額，皆違反保險的本意，自然會被稅捐單位視為規避遺產稅。

金管會曾針對透過保險來規避稅負的投保動機，數度對保戶提出警告，除了傳統壽險金免計入遺產稅課稅，投資及儲蓄型保險，國稅局可以根據《稅捐稽徵法》第 12-1 條規定的實質課稅原則，將給付給指定受益人的保險金，計入遺產進行課稅，甚至如果被認定有逃稅嫌疑，除了補稅以外，還可能額外加罰。

原則上，如果有「指定受益人」的保險，生前透過繳交保費，將財產轉移為保單的價值，死亡後再以保險金給付的方式，的確有機會不計入遺產總額課稅。然而，這只是有機會，並非一定可以。

根據上述情況，在準備節稅布局與資產配置時，一定要思考怎麼善用保險工具，並謹守合理合法的規劃方式，才能永續經營。

第三章

喜歡嗎？送給你
——贈與稅及信託篇

送現金，不如給房子
〈贈與稅〉

說完了遺產，接下來談談財產轉移當中的贈與。

目前臺北市仁愛路帝寶一戶大約市價 2.5 億～ 7.7 億，而且有錢還不見得能買到。到底這些豪宅有什麼魅力，讓有錢人拚命買？其實站在他們的觀點來看，豪宅雖然貴，但是能為他們省下的稅，說不定更可觀。

國內某製鞋大廠董事長，是出了名的疼女兒。根據媒體報導，他的 3 位千金先前已有 2 人獲贈帝寶豪宅，2011 年 8 月底時，他的小女兒也透過贈與方式，成為帝寶的新屋主。外界估計，同樣是 2.5 億，以帝寶贈與，比起用現金贈與，省下的贈與稅超過 2,000 萬。

贈與稅怎麼計算？

贈與人在一年內累計贈與他人的財產總值超過免稅額 220 萬時，30 日內應申報並繳稅。

贈與財產以時價計算，不動產以土地公告現值及房屋評定現值為時價，上市櫃股票以贈與日當天之收盤價為時價。計算公式如下：

> 贈與稅＝（贈與總額－扣除額－免稅額）× 稅率 10%～ 20%－累進差額

　　舉例來說，帝寶每戶的土地持分大約 25 坪，以土地公告現值 143 萬計算，價值 3,575 萬，再加上房屋評定價值約 1,000 萬，總計只有 4,575 萬要計稅，其計算如下：

143 萬 × 25 ＝ 3,575 萬
3,575 萬＋ 1,000 萬＝ 4,575 萬

　　比較一下，如果董事長送的是等值現金 2.5 億，只能減去《遺產及贈與稅法》**規定每人每年的贈與稅免稅額 220 萬**，剩下的全部算進當時稅率 10% 的贈與稅，得繳近 2,500 萬。

　　但如果拿 2.5 億買帝寶，再送給女兒，以剛才算出的公告現值只有 4,575 萬，同樣先減去免稅額 220 萬，再乘以稅率 10%，只要繳 435 萬，比用現金贈與還要少（見圖表 3-1）。由於臺灣不動產的公告現值（計算遺產贈與稅的價值）普遍與市價有不小的差距，所以難怪豪宅再貴，有錢人還是搶著買。

　　立法院於 2009 年 1 月通過《遺產及贈與稅法》修法案，稅率改採單一稅率，從過去最高 50% 大幅降低至 10%。雖然財產移轉的稅負減少，但對有錢人來說，1 億元的財產傳承仍須付出約 1,000 萬的贈與稅或遺產稅。

　　然而 2017 年 5 月，《遺產及贈與稅法》新制正式上路，從單一稅率 10%，再調整為三級累進稅率（見圖表 3-2）。難怪各式各樣的財產移轉規劃，仍有它的市場。

　　《遺產及贈與稅法》規定，「贈與」指財產所有人以自己的財**產無償給予他人，經他人接受而產生效力的行為。**不論是父母或其

他長輩、親友，只要雙方當事人有贈與合意的事實，就會對贈與人課徵贈與稅。

　　當然，前面也提過，**每人每年有贈與別人累計不超過 220 萬的免稅額**，但根據《遺產及贈與稅法》第 21 條：「贈與附有負擔者（例如贈與的不動產還有貸款），由受贈人負擔部分應自贈與額中扣除」來看，贈與附有負擔者，由受贈人負擔部分，包括銀行貸款、土地增值稅、契稅、其他贈與附有負擔者，可以從贈與總額中扣除。但要注意，土地增值稅及契稅由受贈人繳納，才會有節稅效果。

　　舉例來說，假設某父親打算買市價 2,000 萬的不動產，並以貸款的方式購屋後，再將不動產與房貸一同贈與給子女（即房貸未來由子女繼續承受繳付），其中房貸 780 萬，自備款 1,220 萬。然而，

圖表 3-1　直接贈與現金 vs. 先買帝寶再贈與

直接贈與現金	先買帝寶再贈與
2.5 億－ 220 萬＝ 2.478 億 2.478 億 X10%＝ 2,478 萬	4,575 萬－ 220 萬＝ 4,355 萬 4,355 萬 X10%＝ 435 萬　勝

圖表 3-2　2020、2021 年申報贈與淨額、稅率及累進差額

贈與淨額（元）	稅率	累進差額（元）
0 ～ 25,000,000	10%	0
25,000,001 ～ 50,000,000	15%	1,250,000
50,000,001 ～	20%	3,750,000

土地公告現值與房屋評定現值合計只有 1,000 萬，若是依照「附有負擔的贈與」的方式贈與，贈與稅的計算，是以土地公告現值加房屋評定現值 1,000 萬元減去房貸的 780 萬（附有負擔的贈與），再減去免稅額 220 萬，結果贈與淨額為 0，也就是這位父親雖然買了一棟市價 2,000 萬的房子給子女，卻不用繳贈與稅。

前面提到遺產及贈與稅在過去為單一稅率 10%，從 2017 年 5 月 12 日以後變成三階段的累進稅率，依序是 10%、15%、20%。用圖表 3-3 簡單試算，贈與稅新制、舊制應繳稅金差多少？

許多人以為新制的贈與稅率從 10% 調升至 20%，等於新制的贈與稅比舊制多一倍的稅金，但從圖表 3-3 可以發現，只有在贈與淨額超過 10 億元的情況下，新制贈與稅才比舊制多了一倍。

父母送給女兒的嫁妝，要扣稅嗎？

現代人不想結婚或是晚婚，都跟經濟條件不足有關，但其實有

圖表 3-3　贈與稅舊制 vs. 新制

贈與淨額	舊制	新制	差額	增加比例
2,500 萬	250 萬	250 萬	0	0
5,000 萬	500 萬	625 萬	125 萬	25%
1 億	1,000 萬	1,625 萬	625 萬	62.5%
10 億	1 億	1 億 9,625 萬	9,625 萬	96.3%

個方法能讓子女結婚時，利用贈與額度節稅到極致，而且每當我對各大銀行保險的 VIP 客戶說明這個方法時，年紀稍長、小孩也不小的客戶都會很開心。這個方法是什麼？我們得知道，**父母於子女婚嫁時贈與財物，總金額不超過 100 萬，即可不計入贈與總額。**

那麼，假設有對新婚夫妻在年底聖誕節那天結婚，而新郎、新娘的雙方父母共 4 人，他們在子女結婚前後 6 個月內（嫁妝的贈與時效），各贈與 100 萬，年底再贈與 220 萬的免稅額，然後隔幾天，不就到了隔年嗎？這樣每位父母又可以再贈送一次 220 萬（免稅額），總計該夫妻靠一次婚禮，即可經由父母免稅得到 2,160 萬，其計算如下：

---

1. 婚嫁贈與，每人各 100 萬，共 4 人：
   100 萬 X 4 ＝ 400 萬
2. 年終贈與，每人各 220 萬，共 4 人：
   220 萬 X 4 ＝ 880 萬
3. 隔年初贈與，每人各 220 萬，共 4 人：
   220 萬 X 4 ＝ 880 萬

贈與免稅額＝ 400 萬＋ 880 萬＋ 880 萬＝ 2,160 萬

除了父母於子女婚嫁時所贈與財物，總金額不超過 100 萬，另外也有不計入贈與總額的情況：

● 配偶相互贈與之財產。
● 替受扶養人支付生活費、教育費及醫藥費。

●捐贈給政府、公有事業機構、公立教育文化公益慈善機關。

●捐贈給公益財團法人、宗教團體及祭祀公業。

●贈與親人農業使用之農地及其地上農作物，但受贈 5 年內必須繼續農用。

●受益人為不特定人之公益信託。

在不計入贈與總額之中，過去也曾發生民眾搞錯規定的情況。臺商張董在 2011 年間贈與 500 萬給大陸地區的公立小學，已超過我國規定當年度贈與稅免稅額，但是張董並未依規定申報贈與稅，經國稅局查獲核定必須繳納贈與稅，並按照核定，應納稅額處以 1 倍的罰鍰。

張董不服，主張自己贈與 500 萬給大陸地區的公立小學，符合我國《遺產及贈與稅法》第 20 條第 1 項第 1 款，即捐贈「公立教育機關」的財產，不計入贈與總額的範圍，依此張董主張循序提起行政訴訟。

由於捐贈公立教育機關的財產不計入贈與總額的租稅優惠，是基於政府稅收本來就須列入公立教育機關經費，另透過民間捐贈公立學校的行為，同樣可以達到相同教育政策目的。所以條款中所稱的「公立教育機關」，自然是指中華民國政府依法令須挹注經費，而為中華民國政府統治權實際所及地區的公立教育機關，不包含大陸地區的公立教育機關。

因此，最後法院判張董敗訴，他仍然應繳納贈與稅。如果張董當初是捐贈給臺灣的公立小學，該款項就不用繳贈與稅了。

什麼行為視同贈與？

王先生花 2,000 萬買了一間不動產，土地公告現值加房屋評定現值 1,220 萬，他之後又把該房子送給兒子，扣掉免稅額 220 萬，應申報贈與淨額為 1,000 萬，贈與稅 10% 為 100 萬。

另一位李先生花 2,000 萬買了一間不動產，土地公告現值加房屋評定現值 1,220 萬，但他把房子直接登記在兒子名下，同樣扣掉免稅額 220 萬，應申報贈與淨額 1,000 萬，贈與稅 10% 為 100 萬。

結果王先生及李先生皆忘記申報贈與稅，被國稅局抓到，並要求他們補繳。可是，兩人收到的公文卻不一樣。國稅局要王先生補稅 100 萬，再加罰一倍 100 萬，共 200 萬。而李先生收到的公文則是：「收到通知後 10 日內申報，並繳稅 100 萬」，最後李先生只繳了 100 萬。

以上兩種贈與方式看起來沒什麼兩樣，都是一樣的房價、一樣的時價（公告現值），一個要罰，另一個卻不用罰，而且兩位稅負成本竟然相差一倍。為什麼？這跟「以贈與論」有關。

像李先生買了房子，卻把房子直接登記在兒子名下的這種行為，法律上規定屬於贈與，而民間習慣通常不這麼認定，這種情形就會被國稅局「以贈與論」，即視同贈與。

但因為這跟民間習慣有關，所以政府特別訂立有利於納稅義務人的規定：「以贈與論」課徵贈與稅的案件，稽徵機關應先通知當事人於收到通知後 10 天內申報，如逾限仍未申報，再依規定處罰，也就是不會像王先生把房子送給兒子，未申報即有罰款。所以，操作成視同贈與的案件，基本上就已經有免罰的好處了，這就是一種

最簡單的節稅的布局。

視同贈與還有以下幾種常見的情形：

1. **親戚不計較，算了吧**——在請求權時效內，無償免除對方或替對方承擔債務。例如：債務人經商失敗，同意不用還債、幫小孩還房貸、信用卡卡費。

2. **喜歡嗎？爸爸買給你**——以自己的資金，無償為他人購置財產。例如：幫小孩買車、基金、保險、股票或買房；也就是父親買房子，卻登記子女的名字。特別提醒，不動產簽約人必須是父母；如果不動產簽約及登記皆用小孩名字，卻由父母給付價金，則會變成是一般贈與現金的情況。

3. **幫忙你，便宜你**——以顯著不相當之代價，出資為他人購置財產者、讓與財產、免除或承擔債務。例如：股票賣價低於 80%、不動產公告現值 1,000 萬，但只賣 200 萬。

4. **人小房大**——限制行為能力人或無行為能力人所購置之財產，視為法定代理人或監護人之贈與。

5. **親兄弟明算帳**——二親等以內親屬間財產，雖然用買賣的方式移轉財產，但是國稅局通常不太相信，通常要有還款能力和資金來源才行。

以上若能證明支付之款項屬於購買人所有，而且該已支付之價款非由出賣人貸與、或提供擔保向他人借得者，可以不當作是贈與。

● 節稅小辭典

　　贈與免稅額是每人每年給 220 萬不用繳稅，不是一個人只能「收」220 萬，因為贈與稅是課贈與人，而不是受贈人。所以少子化之後的小孩們有福了，之前的年代是兩個孩子恰恰好，所以每位孩子一年只能收到 220 萬，父母都不用繳稅。少子化以後，極可能越來越多的夫妻只生一個小孩，想像第二代都只生一個小孩，到了第三代，一位孫子每年可以收到 1,320 萬，6位贈與人（父、母及祖父母可以各給 220 萬）都不用繳贈與稅。

送人房子也有技巧
〈不動產怎麼送人最節稅？〉

前面講了關於贈與稅的基本知識，或許你還會質疑，不動產到底如何贈與最節稅？假設某位父親不考慮以繼承的方式轉移不動產，而是準備贈送臺北市大安區價值 3.3 億的不動產給子女，該不動產土地公告現值及房屋評定標準價格合計為 8,000 萬，以下列出 4 種情況，來比較哪一種最省稅：

1. 這位父親直接贈與現金 3.3 億，子女再用這筆金額購買不動產，該父親要繳 6,181 萬的贈與稅，其計算如下：

> 贈與稅＝（3.3 億－ 220 萬）Ｘ 20％－ 375 萬＝ 6,181 萬

2. 這位父親以自己的名義購買不動產，再贈與給子女，因此該父親要繳 1,181 萬的贈與稅，以及負擔契稅等過戶費，而如果是不同年度移轉不動產須再扣土地增值稅，同年度則不用。贈與稅的計算如下：

> 贈與稅＝（8,000 萬－ 220 萬）Ｘ 20％－ 375 萬＝ 1,181 萬

3. 父親簽約購買不動產，但登記在小孩名下，這位父親支付房

價。因該行為視同贈與，須繳贈與稅 1,181 萬。另外沒有土地增值稅的問題，但還需要負擔一次的契稅及其他過戶費用。贈與稅的計算如下：

> 贈與稅＝（8,000 萬－220 萬）X 20％－375 萬＝1,181 萬

4. 父親用自己的名義購買房子並支付房價，並向銀行貸款 6,000 萬，之後將附有貸款的房子贈與子女，而且由子女負擔貸款（即附有負擔之贈與），該父親須繳 178 萬的贈與稅，其計算如下：

> 贈與稅＝（8,000 萬－220 萬－6,000 萬）X 10％＝178 萬

從以上得知，**附有負擔（貸款）之贈與最省稅，這就是所謂的「負債管理」。無債一身輕，在財富傳承的議題上，不見得是好處，適當的擁有負債才是節稅的一大優點。**但仍須注意，子女必須有還款能力，而且不得把父母未來每年的贈與免稅額 220 萬，當作有還款能力的證明。

拿到爸爸贈與的不動產再出售，如何認定成本？

還記得前面國內某製鞋大廠董事長贈與帝寶給女兒節省贈與稅的案例嗎？如果你也跟他一樣有錢，像玩大富翁，每走一格就想買房子，會想按照以上的方式送人不動產，來節那麼多贈與稅嗎？

父母送不動產給子女，是一般人認為最棒的節稅方式，但沒顧

慮到孩子或孫子也會做財富管理，當市場狀況上下波動時，他們會打算賣房，獲利了結。想想看，假設完全沒賺錢，就以原贈與人的買進價格 2.5 億賣出，這時必須繳交多少財產交易所得稅？沒賺錢不需要繳所得稅，但如果是透過贈與，再以 2.5 億售出，需要繳交多少綜所稅？成本如何計算？

　　雖然贈與不動產有節稅的好處，仍應考慮到未來子女出售時的成本問題。由於個人出售因贈與而取得的房屋，須依《所得稅法》第 14 條第 1 項第 7 類第 2 款規定，**計算財產交易損益時，可以減除受贈與時該房屋的時價，並應以受贈與時的房屋評定標準價格為準來課徵贈與稅。**

　　例如父母以 1,000 萬購買的房屋贈與子女時，是按照房屋評定標準價格 300 萬課徵贈與稅 30 萬（300 萬 × 10% ＝ 30 萬）。之後，子女以 1,200 萬出售該房屋，應以 300 萬計算成本，算出所得為 900 萬（1,200 萬 － 300 萬 ＝ 900 萬），而不是以 1,000 萬計算成本（所得 ＝ 1,200 萬 － 1,000 萬 ＝ 200 萬）。這其中的綜合所得差異頗大，連帶影響該年度適用的稅率，從原本不贈與子女而自行賣掉房子的財產交易所得 200 萬（稅率 20%），變成贈與後子女再將房子賣掉的財產交易所得 900 萬（稅率 40%）。

　　再以國內某製鞋大廠董事長的帝寶贈與案為例，請問若他女兒受贈之後又用 2.5 億把房子賣掉，要繳多少的財產交易所得稅？首先，帝寶一戶大約市價 2.5 億，當時每戶土地持分大約 25 坪，以當時的每坪土地公告現值 143 萬計算，土地公告現值總計 3,575 萬；房屋評定現值約 1,000 萬，兩者相加為 4,575 萬。

　　以下列出兩種實施房地合一稅前後的狀況（簡化，排除累進差

額、土地漲價總數額等費用）：

1. 還沒實施房地合一稅之前，是採用土地與房屋稅分離課徵的雙軌制計算，所以財產交易損益，是賣價扣掉土地公告現值及房屋評定現值，再乘以房屋占不動產比例，約為 4,465 萬，按綜所稅率40％計算，綜所稅約繳 1,786 萬，其計算如下：

財產交易損益＝（2.5 億－4,575 萬）×（1,000 萬÷4,575 萬）
＝ 4,465 萬
綜所稅＝ 4,465 萬 ×40％＝ 1,786 萬

由此可知，之前節省的贈與稅 2,100 萬，在子女出售該不動產時，依照出售房屋的所得稅舊制，應繳納 1,786 萬，這樣過去所節省的贈與稅幾乎都快吐回去了。

2. 若是依照房地合一稅新制來算，賣價扣掉土地公告現值及房屋評定現值，再乘以稅率（15％～ 45％，詳見第四章第 5 節），須繳 3,064 萬～ 9,191 萬的房地合一稅，其計算如下：

房地合一稅＝（2.5億－4,575 萬）×（15％～45％）＝3,064萬～
9,191 萬

前面也提到，當初製鞋大廠董事長贈與帝寶豪宅時，贈與稅能節稅約 2,100 萬，然而，若他女兒打算將該不動產出售時，這棟房

子不但沒有賺到錢，依房地合一稅新制 3,064 萬至 9,191 萬，合併贈與稅及出售房屋的房地合一稅整體稅負，倒虧 964 萬（贈與稅節稅 2,100 萬—房地合一稅 3,064 萬）至 7,091 萬（贈與稅節稅 2,100 萬—房地合一稅 9,191 萬），真是賠了夫人又折兵！

　　還有一種情況是，逐年贈與不動產，假設你預計分十年十等份贈與，登記的權利面積自然也會每年增加 1 ／ 10，子女受贈的不動產若有出售，規定與整棟房子贈與後再出售的財產交易所得稅的計算方法一樣，受贈的部分成本，以房屋評定現值計算。

　　實際情況會變成：出售的不動產會拆成 2 部分去計算，沒有贈與的部分與一般財產交易算法一樣，有贈與的部分計算方法與上述相同。分年贈與不動產的確能節贈與稅，但之後出售時一樣會有綜所稅或房地合一稅較高的問題。

　　國稅局透過地政系統，一定知道子女受贈時的房屋標準評定價格，而且出售房屋的價格也需要實價登錄，所以送房屋給子女時，應將未來所得稅成本，以及子女再行出售的稅負成本列入考量！

　　過去許多人喜歡透過贈與房地產來節稅，但由於受贈人之後可能會出售該不動產，屆時該受贈的不動產，會以「前次移轉現值」當作成本，再計算獲利課徵房地合一稅，而房地合一稅率是 15％ 至 45％（詳見第四章）。

　　經比較分析，是否直接用現金贈與給子女，再以子女名字購買不動產會比直接贈與房產更為有利？這個答案是不一定，看個案而定，因為每個案子都要計算比較，才能知道最適合自己的節稅方法。

　　不過能確定的是，如果這間房子決定要一直傳承下去，子女並不會轉賣該受贈的不動產，那麼，用不動產贈與子女就沒有以上的

綜合所得稅問題。

贈與之後卻後悔，可否撤回？

有時候我們為了節稅而做了錯誤的規劃，誤入補稅罰鍰的窘境，但不用擔心，《民法》及稅法常有反悔機制。《民法》第 408 條規定：「贈與物之權利未移轉前，贈與人得撤銷其贈與。其一部分已移轉者，得就其未移轉之部分撤銷之。」

另外，《民法》第 412 條也規定：「贈與附有負擔者，如贈與人已為給付而受贈人不履行其負擔時，贈與人得請求受贈人履行其負擔，或撤銷贈與。」而且財政部曾函釋：以不動產為贈與者，「在未辦妥產權移轉登記前」，申請撤回贈與稅申報或退還其已納贈與稅款時，應予照准。

特別要提醒的是，**贈與資產給他人，若已申報完成，受贈人也獲得資產，即為財富「已流動」型態，就算事後違約或撤銷，還是得繳 10% 到 20% 的贈與稅。**

曾有某父親將現金及股票總值約 4,000 萬贈與女兒，並如期辦理贈與稅申報及書立贈與契約書，且現金已轉戶，但股權仍未轉移，結果女兒卻表示不願扶養父親，並到海外打工，父親因此反悔贈與一事，也要求立約撤銷贈與。

不過，國稅局認為該筆資產申報完畢，加上現金已轉存女兒帳戶，早已產生物權移轉效力，最後認定該案父親明顯有贈與的意思，而且他的女兒已收受該筆現金，因此符合課徵贈與稅要件，扣除 220 萬免稅額，並適用 15% 的級距，即為 567 萬，再減除累進差額 125

萬，最後還是核課該案父親 442 萬贈與稅，其計算如下：

> 贈與稅＝（4,000 萬－220 萬）X 15%－125 萬＝442 萬

　　所以，贈與財產後可否反悔或撤銷，要看該贈與行為已經進行到哪個階段了。例如：父親想將錢財珠寶贈與給子女，後來子女不孝順，父親後悔了。在錢財珠寶還未交付到受贈人手上時，贈與人得依《民法》第 408 條第 1 項規定，隨時撤銷贈與。

　　但如果是贈與不動產，贈與人必須在所有權移轉手續完成前，就撤銷贈與。例如，丈夫購買房產登記於妻子名下，後來夫妻失和，丈夫想將房產取回，由於已經辦妥所有權移轉登記，就無法反悔了。

　　還有一種情況，即使所有權已經移轉，贈與人仍然可行使撤銷權。《民法》第 416 條第 1 項規定，受贈人對於贈與人，有下列情事之一者，贈與人得撤銷其贈與：

　　1. 對於贈與人、其配偶、直系血親、三親等內旁系血親或二親等內姻親，有故意侵害之行為，依《刑法》有處罰之明文者。
　　2. 對於贈與人有扶養義務而不履行者。
　　簡單來說就是受贈人故意侵害贈與人，還有子女不扶養父母的情況，父母皆可以贈與後反悔。

　　須特別注意《民法》第 416 條第 2 項規定：「前項撤銷權，自贈與人知有撤銷原因之時起，1 年內不行使而消滅。贈與人對於受贈人已為宥恕之表示者，亦同。」

3

沒錢繳稅只好拿東西跟政府換 〈遺贈稅實物抵繳原則〉

說到遺產及贈與稅，其實是臺灣稅目中唯一可以用現金以外之財產（實物）繳納的稅捐。

台塑創辦人王永慶的遺產稅，就是利用該特性來繳納。國稅局認定王永慶的遺產稅是 119 億，王家以實物抵繳 22 億，提出的抵繳標的包括：股票、債權，以及 365 筆土地。除了 22 億的實物抵繳之外，剩下的 97 億以現金繳納。

租稅之債指公法上金錢給付之債的關係，原則上以貨幣債權作為清償手段，在一定要件下，容許遺產及贈與稅以實物抵繳的方式繳納，是體恤納稅義務人原有資力不足所做的規定。

不過，按照《遺產及贈與稅法》第 30 條第 4 項規定（司法院大法官會議釋字第 343 號解釋），遺產及贈與稅仍以現金繳稅為優先，當稅額超過 30 萬以上，而且經國稅局判斷納稅義務人確實繳納現金有困難，不能一次繳納現金，才可以用實物抵稅。

那麼，國稅局是怎麼判斷納稅義務人繳納現金有困難？現金繳納困難審酌範圍如下：

1. 被繼承人、贈與人（受贈人）本身之現金、銀行存款或其他等同現金之項目。

2. 被繼承人遺有債權，而且已收取現金（例如保險金……）。

3. 被繼承人死亡前 2 年內贈與的現金，業經併入遺產課稅，而且受贈人也為納稅義務人之一。

4. 被繼承人遺留的財產，轉換為現金或銀行存款（例如賣掉土地、股票……）。

至於抵繳方式是什麼？首先，實物抵繳的種類五花八門，例如房屋、土地、上市櫃股票、未上市櫃股票、債權、高爾夫球證等。在這之中又分為易於變價跟不易變價兩種。

易於變價的像是上市櫃股票（有價證券）、易於銷售的住宅或商用不動產等。

不易變價的財產，例如保護區土地受到相關法令規範，有建築使用上的限制，又不能更改原使用用途，所以不容易變價；未上市櫃股票因市場流通性低，沒有透明成交價格，也不符合易於變價的要件。另外，墓園（含塔位）使用權因無明確且客觀的評價方式，也屬於不易變價的標的物。

根據《遺產及贈與稅法》規定，易於變現的實物，按課稅財產價值全額抵繳；不易變現的實物，按抵繳財產占全部課稅財產總值之比例抵繳[3]（見圖表 3-4），其計算公式如下：

---

3 《遺產及贈與稅法施行細則》第 46 第 1 項規定：「納稅義務人申請以繼承或受贈之課徵標的物抵繳遺產稅或贈與稅者，其抵繳價值之計算，應以該項財產核課遺產稅或贈與稅之價值為準。」《遺產及贈與稅法》第 30 第 4 項後段規定：「如屬不易變價或保管，或申請抵繳日之時價較死亡或贈與日之時價為低者，其得抵繳之稅額，以該項財產價值占全部課徵標的物價值比例計算之應納稅額為限。」

> 不易變價（或保管）的實物得抵繳遺產稅（或贈與稅）的限額
> ＝依法計算的應納遺產稅額或贈與稅額 × 申請抵繳的財產價值
> ÷ 全部課徵標的物的遺產總額或受贈財產總額

　　舉例來說，假設邱先生遺產總額 8,000 萬，而其中全部課徵標的物價值僅 6,000 萬（即遺產總額扣除公共設施保留地、免稅之農地及其地上作物等），應納遺產稅額 400 萬，但納稅義務人無法一次繳納現金，而且應納遺產稅額超過 30 萬，所以納稅義務人以被繼承人所遺留的保護區土地（屬於不易變價的財產，核定價值 600 萬）申請抵繳遺產稅。套入上述的公式，不易變價的土地可以抵繳的稅額為 40 萬，其計算如下：

> 不易變價實物得抵繳遺產稅的限額＝ 400 萬 ×600 萬 ÷6,000
> 萬＝ 40 萬

圖表 3-4　遺產及贈與稅繳稅及實物抵繳原則

項目	內容	
課稅原則	以現金繳納為優先，當稅額超過 30 萬以上，納稅人沒有足夠的現金繳納時，可以用實物抵稅。	
抵繳方式	易於變價	按課稅財產價值全部抵繳。
	不易變價	按抵繳財產占全部課稅財產總值之比例抵繳。

因此納稅義務人僅能移轉等同抵繳稅額 40 萬元的土地持分給國有登記。

繼承不了的 3 億遺產，只因稅太高——有法可解

我舉個實際例子，把沒錢繳遺贈稅給政府時的解決辦法，統整說明一次：

根據新聞報導，日本喜劇天王志村健自 2020 年 3 月 29 日因新冠肺炎病逝後，在他離世近 1 年之際，其名下高達 10 億日圓（約新臺幣 2.6 億元）的遺產，仍未辦理繼承程序，導致遺產依舊處於閒置狀態。

日媒表示，志村健的演藝全盛時期，每年有 3 億日圓（約新臺幣 7,700 萬元）的收入，而他名下還有 3 處房產。依日本法律規定，他沒結婚，也沒有小孩，遺產將由他的 2 名哥哥繼承。然而若要繼承遺產，志村健的哥哥們就要先各自繳納遺產稅 2 億日圓（約新臺幣 5,200 萬元），且 10 個月內就要完成繳納手續。即使 2 名哥哥可向稅務機關提出延長繳納期限，但遺產稅負擔實在太大，即使延長繳納期限，他們可能也拿不出這麼多現金，這情況甚至讓志村健的哥哥們產生「乾脆全部放棄繼承算了」的想法。

這種情況其實在臺灣也不少見，如果真的面臨此種情況，依照臺灣的法令規定，應該如何解套呢？

首先，要了解在臺灣如何繳納遺產稅。依據《遺產及贈與稅法》第 30 條規定，納稅義務人應於稽徵機關核定之納稅通知書送達之日起 2 個月內繳清稅款；如有必要，可於繳納期限屆滿前，以書面申

請延期2個月繳納。

另外，若遺產稅應納稅額（含罰鍰及利息）在30萬元以上，納稅義務人若確實有困難、不能以現金一次繳清稅款，得於繳納期限內，就現金不足繳納部分，**申請分18期以內繳納**。

> ◎ 解套關鍵字：申請延期繳納、分期繳納。

除了申請延期繳納、分期繳納以外，也可以**中華民國境內之課徵標的物**，或是**納稅義務人所有易於變價**（易於出售而獲得現金，按照時價換算貨物價值）**及保管**（不易毀損或滅失，或保管無須太多人力與金錢，且在保管期間，可加使用、收益，並可待價而沽的機會）**之實物，申請一次抵繳**。

若抵繳之課徵標的物不易變價或保管，或申請抵繳日之時價低於死亡日之時價，其得抵繳的稅額，以該項財產價值占全部課徵標的物價值比例計算之應納稅額為限（詳見208頁）。所以依規定，在遺產所留現金不足的情況下，可以申請辦理實物抵繳。

如果申請可以實物抵繳了，實物的價值如何估算？《遺產及贈與稅法》第10條規定：遺產價值的計算，以被繼承人死亡時的時價為準，被繼承人如果是受死亡宣告的，以法院宣告死亡日的時價為準。上面所說的時價，土地以公告土地現值、房屋以評定標準價格為準。

又《遺產及贈與稅法施行細則》第46條：「納稅義務人申請以繼承或受贈中華民國境內之課徵標的物抵繳遺產稅或贈與稅者，其抵繳價值之計算，以該項財產核課遺產稅或贈與稅之價值為準。」

另，「納稅義務人申請以課徵標的物以外之財產抵繳遺產稅或贈與稅者，其抵繳價值之計算，以申請日為準，並準用有關遺產或贈與財產之估價規定辦理。」

也就是說，雖然可以實物抵繳稅款，但現今的土地公告現值和市價間仍有落差，**實際市價往往遠高於課稅價值**，因此如果申請以不動產來抵繳稅款，抵繳價值是以核課遺產稅的價值來計算，比實際市價還要低，實在很不划算！

◎ 解套關鍵字：實物抵繳。

但如果不希望在現金不足的狀況下，被迫以實物抵繳，還有什麼解決方法？

舉個稅務案例：臺南市陳先生的父親於 2020 年初驟逝，經國稅局核定應納遺產稅一百五十多萬元，陳先生卻無足夠現金可繳納遺產稅，很擔心未依限期繳納，會被加徵高額滯納金及利息。他想到父親生前簽約出售其中 2 筆土地遺產，也已收取部分售地款項，還有尾款兩百多萬元，必須等完成土地所有權移轉登記才能收取，但如今父親過世了，以致如果尚未繳清遺產稅，不得分割遺產、交付遺贈或辦理移轉登記，更讓陳先生陷入兩難。

後來，陳先生先向國稅局申請延期遺產稅繳納期限 2 個月，並提供另一筆土地當擔保，取得國稅局核發之同意移轉證明書後，順利完成土地移轉登記給買方，他也依約取得土地尾款兩百多萬元，終於在繳稅期限前繳清遺產稅。

陳先生的情況是依《遺產及贈與稅法》第 41 條規定：「有特殊

原因必須於繳清稅款前辦理產權移轉者，得提出確切納稅保證，申請該管主管稽徵機關核發同意移轉證明書」，提前將部分的遺產轉賣變現，才有足夠的現金繳交遺產稅。

◎ 解套關鍵字：辦理產權移轉（提出確切納稅保證）。

　　遺產稅相關案例不勝枚舉。在做資產配置布局時，我們會分配不動產、股票、基金及存款等，但常忽略持有這些資產到最後，它可能衍生的稅負，而在遺產繼承時，最先面臨的就是繳納遺產稅的資金來源。

　　像陳先生這樣的例子層出不窮，為了避免這種繳不出遺產稅的情況，是否可以提早準備繳稅的資金呢？答案是可以的！例如預先準備繳稅的現金，也有人是以保單的保險金收入作為繳稅的資金等，俗稱「預留稅源」，以免到時資產的繼承移轉不如預期，所以在做節稅規劃時，也須將此列入考量。

4

不動產如何移轉最節稅？
附房貸最划算

　　前面向各位介紹贈與稅以及遺產稅的案例中，不斷拿不動產來舉例，那麼，不動產如何移轉給下一代最節稅？

　　假設某父親有配偶及 2 位滿 20 歲子女，還有價值 3.3 億的不動產（位於臺北市大安區），其土地公告現值及房屋評定標準價格合計為 8,000 萬。這筆財產用生前贈與或繼承移轉給下一代，以及繼承依其所遺的財產為現金或為不動產，所納遺產稅或贈與稅金額會大不相同。用贈與移轉，可分為 4 種方式：

　　1. 贈與現金。

　　2. 以父親名義買房，再贈與子女。

　　3. 父親簽約買房，但登記在小孩名下

　　4. 以父親名義買房，並借房貸 6,000 萬，再贈與子女，而房貸由子女負擔。

　　用繼承移轉則可分為 3 種方式：

　　1. 被繼承人留給繼承人現金。

　　2. 被繼承人留給繼承人不動產。

　　3. 被繼承人留給繼承人房貸 6,000 萬的不動產。

　　綜合以上 7 種方式，來比較不動產如何移轉最節稅，結果如圖表 3-5。

　　從圖表 3-5 分析來看，不動產以附有房貸繼承最省稅，接著是附有房貸贈與……。不過，自從房地合一稅開始實施後，如果未來有要出售不動產換取現金，則此規劃方式的稅負效果尚需個案分析，才知整體是否較為節稅。

圖表 3-5　附有房貸的不動產，透過繼承移轉最節稅

財產移轉方式		遺產稅或贈與稅計算	稅金
贈與	現金	（3.3 億—220 萬）× 20%—375 萬	6,181 萬
	以父親名義買房再贈與子女	（8,000 萬—220 萬）× 20%—375 萬	1,181 萬
	父親簽約買房，但登記在小孩名下	（8,000 萬—220 萬）× 20%—375 萬	1,181 萬
	以父親名義買房並貸款 6,000 萬再贈與子女，房貸子女負擔	（8,000 萬—220 萬—6,000 萬）× 10%	178 萬
繼承	現金	（3.3 億—1,200 萬—493 萬—50 萬 × 2—123 萬）× 20%—750 萬	5,466.8 萬
	不動產	（8,000 萬—1,200 萬—493 萬—50 萬 × 2 － 123 萬）× 15%—250 萬	662.6 萬
	不動產（房貸 6,000 萬）	（8,000 萬－ 1,200 萬－ 493 萬－ 50 萬 × 2 － 123 萬－ 6,000 萬）× 10%	8.4 萬

※生前贈與不動產須先繳納土地增值稅，繼承則不用。

　　2020 年，財政部發布解釋令，核釋繼承的房地若有貸款餘額超過繼承時之房地現值部分，屬於繼承人因繼承該房地之額外負擔（房貸），未來出售時無論依舊制或房地合一稅新制計算，可將差額自交易所得中減除，降低繼承人稅負負擔。

5

把儲蓄或養老險受益人換成小孩？不妥
〈保險課徵贈與稅〉

　　李媽媽有一對兒女，她幫 15 歲的女兒與 16 歲的兒子各買了 1 張 6 年期儲蓄險，年繳保費各 50 萬，投保時以自己為要保人，女兒、兒子為受益人，6 年期滿各可領回 300 萬。

　　李媽媽原本想用這筆費用作為兒女出國的留學經費，沒想到繳費期滿後，卻接到國稅局要求補繳贈與稅 38 萬，同時還因漏報這筆贈與款項，國稅局再多開罰 1 倍，總共連補帶罰，補繳 76 萬。

　　為什麼會這樣？李媽媽滿心疑惑的想：「業務員跟我說，每人每年贈與免稅額是 220 萬，我每年才付 100 萬！為什麼要跟我追討稅金？」原來李媽媽將贈與免稅額度解讀錯誤。

　　事實上，李媽媽是要保人，也就是保單所有人，有權解約或變更受益人，但繳費年度不代表已構成贈與。

　　依據《保險法》規定，要保人負有交付保險費義務，又因保單有財產價值的權利，要保人交付的保險費累積利益，屬於要保人所有，所以國稅局認定的，是滿期該年度女兒與兒子（受益人）各收到的 300 萬，才是所謂的贈與，由於金額已超過李媽媽每年贈與免稅額的 220 萬，因此將超出的 380 萬（300 萬 × 2—220 萬）課以 10% 贈與稅 38 萬。

　　李媽媽應該在有贈與事實（子女領取滿期金時）的 30 天內，就超過該年度贈與免稅額的部分報稅，若逾時申報或漏報，除了補稅

之外還會被處以罰鍰。

相信知道這項基本觀念後，對於保險規劃是否會涉及贈與稅，便不難理解。接下來，我用以下 3 種情形分別說明是否要繳贈與稅：

1. 要保人與受益人不同。

投保時，因自己的身體狀況無法買保險，便情商配偶當「被保險人」。又因保單滿期時能領回一筆錢，就把「受益人」寫給兒子，正好可以當作兒子的第一桶金。像這種「要保人」為自己，「被保險人」與「受益人」分別為不同人的隨性安排，未來要特別留意贈與稅的問題。

舉例來說，林媽媽以自己為要保人及被保險人，投保一張有還本金的保單，受益人寫兒子大林。之後卻收到國稅局的補稅通知單，原因是要保人與受益人分屬不同人，要被課徵贈與稅。為什麼？

依《保險法》第 14 條規定：要保人對於財產上的現有利益，或因財產上的現有利益而深知期待利益，有保險利益。所以根據要保人與受益人不同的保險契約，受益人到期所領的滿期金或還本金，屬於要保人對受益人的贈與，加計當年度其他贈與，如果超過免稅額 220 萬，就要課徵贈與稅。

有鑑於此，這張保單的要保人為林媽媽，財產就屬於林媽媽，無論是還本金抑或滿期金。只要保險金的領受人不是要保人，就會根據實質課稅原則，課徵稅負。

2. 變更要保人或受益人。

許多人購買保險，以自己為要保人及受益人，後來保單繳費已

屆期滿，將有滿期金，便打算變更要保人與滿期金受益人為子女。

然而，由於保單價值屬於財產的一部分，變更要保人及受益人，相當於將原本個人應得的保險利益，**變更為他人所有，屬於財產的無償移轉**。除非能證明過去所繳的保費，實際上均由子女支付，並且提出相關證明文件，否則國稅局將認定為贈與行為，對其課徵贈與稅。

舉例來說，臺北市有位貴婦投保 6 年期養老險，快到期前 4 個月突然把受益人改為兒子，於是到期後壽險公司就將一千多萬的滿期保險給付金，匯入兒子戶頭。事後，這被國稅局認定為贈與行為，不但得補稅，還須付罰鍰，金額高達 500 萬！貴婦心有不甘，便提起訴訟，經過最高行政法院的審理，認為國稅局並無不當，判貴婦敗訴。

如果時光可以倒流，貴婦可以怎麼規劃？以該案例為 6 年期養老險、滿期金一千多萬元推估，每年所繳的保費假設為 200 萬，而貴婦每年贈與兒子 200 萬，等於 6 年共贈與 1,200 萬。

然後在投保之初，就以兒子為要保人，母親以贈與現金的方式每年匯入兒子的戶頭，再由兒子繳付保費。如此一來，只要贈與人每年贈與總額不超過贈與免稅額度 220 萬，就不會發生事後被要求補繳 500 萬的遺憾。

以往更換要保人只要向保險公司提出申請即可，但自 2020 年 11 月起，國稅局發函給壽險公會，提醒保險公司在受理變更要保人時，須繳驗稽徵機關核發之贈與稅或遺產稅證明書才能辦理。若業者違反相關規定，將對業者開罰 1 萬 5,000 元以下罰鍰。

因應國稅局要求，不少保險公司在 2020 年 11 月底調整要保人

變更申請辦法。若須申請要保人變更，則應先請壽險業者出具該保單的「保單價值準備金」證明，資料備齊後向國稅局申請，並取得完稅或免稅證明，再持國稅局核發的證明文件向壽險業者申請變更。

壽險業者辦理變更要保人申請時，應通知當事人依情況不同，繳驗稽徵機關核發的擇一文件：

（1） 原要保人將保險契約之權利，贈予他人或移轉予二親等以內親屬（文件四擇一）：

● 贈與稅繳清證明書。

● 核定免稅證明書。

● 不計入贈與總額證明書。

● 同意移轉證明書之副本。

（2） 因要保人身故申請變更要保人（文件三擇一）：

● 遺產稅繳清證明書。

● 核定免稅證明書。

● 同意移轉證明書之副本。

3. 代付保險費。

謝先生本來規劃，每年在贈與稅免稅額度 220 萬內，贈與現金給小孩，但是又擔心小孩會亂花錢，所以就買了一張保單，年繳保費 220 萬，而且要保人是小孩。但這張保單從父母的帳戶去扣款或轉帳代繳，其實算「第三人無償代繳」，因此視同贈與，有可能被課贈與稅的風險。

通常保單簽約時，就是以子女為要保人及受益人，同時子女也

是滿期金與生存金的受益人，所以等到保單期滿、拿到保險金時，在要保人與受益人為同一人的情況下，沒有贈與的問題，節稅空間比較大。

　　但應留意繳付保險費方面，父母須先把錢放在子女戶頭，再從子女戶頭繳納保險費。由於父母分年贈與的是保險費，而不是要保人給受益人的滿期金或生存金，**所以只要年度所繳保費及其他贈與，總金額低於 220 萬，就不必繳交贈與稅。**

6

避免後代爭產的最好方式
〈信託基本介紹〉

2003 年，知名運動器材公司肯尼士企業，藉由網球拍相關產品行銷全球六十多國，外界估計該企業負責人羅光男身價超過 60 億，但後來他轉投資失當、股價重挫，直到該企業瓦解，羅光男便遁入谷關大道院吃素修行，於是身價 60 億的他竟變成寺廟住持。

從這則真實故事可以看出，羅光男沒做好財產保全措施，導致財產一夕之間消失殆盡。雖然羅光男現今已不在人世，但若他生前懂得如何預先成立信託計劃，相信他的財產仍能依照其先前意志，繼續安排下去。

同年新聞報導，香港藝壇天后梅艷芳罹患癌症病逝，她去世前留下一份遺囑，將其近億元港幣的遺產轉移到某信託公司，而不是交給她 80 歲高齡的母親。為什麼梅艷芳要這樣做？因為她認為母親嗜賭如命、揮霍無度，如果一次把近億元港幣的遺產給她媽媽，很快就會損失殆盡，以致媽媽以後的生活沒有著落。

反之，梅艷芳透過設立信託基金，將自己的遺產委託給專業的信託機構打理，信託公司每個月按照囑託支付幾萬元的生活費給她母親，持續到她去世，這樣她就可以安享晚年。

然而，她的母親仍想要直接得到這筆錢，於是向法院提起訴訟，這場官司持續了 5 年，幸好香港高等法院最終判決梅艷芳遺囑有效，財產繼續由信託公司管理。

　　由此可知，越是擁有龐大財產者，更應該重視對自己財產的保護、傳承及風險管理。而個人財產信託是實務上常見的兩代資產移轉方法之一，並且可與保險、投資公司、贈與、遺產及繼承等稅務優惠規定相互結合運用。

　　前幾年，長榮集團創辦人張榮發遺產紛爭一事，社會對其遺囑及傳承規劃有諸多討論。單純以遺囑分配遺產，雖然原則上應該謹遵遺旨，然而公司的控制權取決於誰能掌握具控制力的股權，進而掌控董事會，至於遺囑若事前未針對事實狀況，安排縝密的規劃，則效力僅只於後代子孫是否遵循先人所囑。一旦發生子女不服的爭產糾紛，便會在執行上有諸多困難之處。

讓管錢的人不管事，管事的人不管錢

　　企業主若要避免後代爭產情況發生，創業第一代在分配資產時，即可考慮控股公司加信託架構，便能解決大部分傳承分配問題。而且信託合約明定未來財產管理及分配方式，在確保企業永續經營的前提下，信託內的財產所產生的孳息，可以提供後代生活所需。

　　再加上，信託內的錢必須由受託人（例如銀行）管理，可設諮詢委員會給予意見，而金錢動支又須由監察人答應才能動用，如此一來，便能達到管錢的人不管事，管事的不能管錢，相互監督的優點。甚至，可以規定監察人及諮詢委員會，讓傑出的後代取得足夠多數的股權，進入經營管理階層。

　　另外補充，信託契約若只訂定權利分配方式，就可能會像長榮張家及台塑王家一樣，創辦人過世後子女照樣翻臉不認。事實上，

在歐美有許多巨型企業會再多成立家族辦公室（Family Office），由專業團隊服務，輔佐後代接班經營養成。像洛克菲勒家族不只有嚴謹的信託基金契約，設計永續控制集團股權及分配，更重要的是子孫後代的教育系統，包含金錢價值觀、理財教育、領袖社交等，從小便嚴格培養起。總之，就是透過制度設計，引導後代朝合作、努力及永續的方向發展。

信託不是有錢人專利，身障者更需要

信託並非僅為企業家傳承百代而設計，也在身障遺族照顧、單身終老自我照顧及投資風險防火牆等，皆有極大的功用。

依據衛生福利部統計的 2020 年第 3 季資料顯示，國內身心障礙者接近 120 萬人，但多數父母為這些身障子女安排好信託的比率卻遠低於 1％，甚至認為信託是有錢人才能享有的規劃，其實身心障礙者更需要信託。

舉例來說，2012 年一位高齡八十多歲的李先生表示，兒子已近 40 歲，卻因罹患重度智能障礙而無法照顧自己，深怕留給孩子的錢遭人侵占詐騙。於是國內某間知名銀行協助老先生成立身心障礙者照顧信託，由社福團體擔任信託監察人，約定信託專戶支付醫療及養護機構等費用，直到兒子（受益人）身故或信託財產用完時止。現在，李老先生的孩子已入住養護機構，費用也由信託專戶支付，終於能讓李老先生放下心中的憂慮了。

另外，2013 年初，一對感情恩愛的夫妻，由於兒子雖然已經二十多歲，卻因為罹患嚴重精神障礙而無法工作及照顧自己，所以

儘管兩夫妻已投保許多保險，但仍舊擔心未來的身故保險金無法用在兒子身上，因此夫妻倆決定協助孩子，與銀行成立保險金信託，並且指定社福團體擔任信託監察人，以及約定由信託專戶給付醫療及養護機構等費用，信託期間也同樣約定到孩子（受益人）身故時為止。

成立信託財產的好處

什麼是信託？首先，根據《信託法》第1條[4]規定，信託之間有4位關係人：

1. 委託人。

即信託財產的原所有權人，將財產委由受託人為其管理或處分。委託人可以是自然人或法人，也可以變更受益人、選任信託監察人、變更信託財產管理方法、終止信託、監督受託人、擁有受託人報酬增減之請求權、新受託人之指定權、信託財產之取回權、信託財產強制執行之異議權、損害填補或回復原狀之請求權等。

2. 受託人。

指信託財產法律上的名義所有人，並依照信託本旨管理或處分信託財產，當信託目的達成時，移交信託財產給予受益人。受託人

---

4 《信託法》第1條規定：「稱信託者，謂委託人將財產權移轉或為其他處分，使受託人依信託本旨，為受益人之利益或為特定之目的，管理或處分信託財產之關係。」

應盡善良管理人注意義務，以及避免利益衝突、不得圖謀自身或第三人之利益。

由於信託財產具有獨立性，實際上信託利益是歸屬於受益人，而且受託人應將信託財產與自有財產及其他信託財產分別管理。而受託人死亡時，不能將信託財產列入遺產。若受託人破產，也不能將該信託財產列入其破產財產，用來清償受託人之債務。

3. 受益人。

指依信託成立享受信託利益之人。受益人可以是自然人或法人，或一批人，如委託人的子女們。

4. 監察人。

信託監察人是由委託人指定，並依照法律和信託文件的規定，為了保全信託受益權、監督受託人，而管理信託事務的人。一旦監察人發現受託人的行為已違反信託契約本旨、或該行為使受益人受到損害時，監察人有權代受益人提出訴訟行為。

舉例來說，高先生及高太太的兒子因小時候發高燒造成腦部受損，無法自行照顧自己。夫婦倆擔心自己往生後沒辦法繼續照顧兒子，便聽從顧問建議成立了一個信託，受託人是高先生的大哥，請哥哥在自己過世後幫忙照顧小孩，並請顧問當信託監察人。

過了幾年後，高先生過世，但由於高太太還在，一切都還不成問題，可是當高太太也往生後，高先生的兄嫂卻出了壞主意，不但不願意照顧高先生的兒子，還私自挪用信託裡的財產。直到某次信託監察人要求查看信託財產的財務報表，發現了異狀，便一狀告到

法院，保護了兒子的信託利益。

由此可見，監察人最主要的工作是監督受託人，保護受益人免於利益損害。因此成立信託時，**可以考慮設置「信託監察人」**，而選擇信託監察人應該特別注意其人品、專業能力及經驗，唯有人品佳、經驗豐富及專業能力強的信託監察人，才能貫徹委託人的想法及確保受益人的利益。而信託又分成 3 種：

1. **自益信託。**

原則上，受益人為委託人自己。當自益信託成立及消滅時，均無課贈與稅問題。

2. **他益信託。**

受益人與委託人不同。委託人除了信託行為另有保留之外，在信託成立後，除非經受益人同意，不得變更受益人或終止其信託，也不得處分受益人的權利。他益信託成立時，會有扣贈與稅或所得稅問題。

3. **公益信託。**

以慈善、文化、學術、技藝、宗教、祭祀或其他以公共利益為目的之信託。

公益信託的委託人可以列報捐贈支出，而且公益信託的免稅標準條件，比財團法人要寬鬆許多。

我將上述說明整理在圖表 3-6，相信藉由信託架構圖能更清楚易

圖表 3-6　信託架構圖

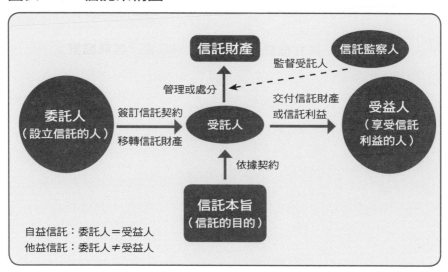

懂這之間的關係。那麼，成為信託財產的好處有哪些？以下藉由 3 種特性來舉例說明：

1. 信託的財產擁有獨立性。

林小姐曾以現金 500 萬辦理信託，並請她的叔叔當受託人，信託成立後，叔叔以受託人的名義將其中的 100 萬存到銀行裡，也就是存款會移到叔叔的名下。

而這位叔叔本身曾向銀行借款 100 萬，結果無法償還借款。那麼，銀行可以拿叔叔名下受託的 100 萬來償債嗎？答案是不行。因為進入信託的財產，不屬於委託人或受託人的財產，所以信託財產獨立於受託人的自有財產之外，並不能成為受託人的債權人求償之標的。

有鑑於此，銀行最後不能主張以叔叔擔任受託人的 100 萬信託財產，來抵銷叔叔本身積欠銀行的 100 萬。這就是信託的財產擁有的獨立性。根據《信託法》規定，只有屬於信託財產的債權與屬於該信託財產的債務可以互相抵銷，以提升信託財產的獨立性。

另外，關於遺產這件事，因為受託人只是信託財產的名義所有權人，所以當受託人死亡時，不能將信託財產列入受託人的遺產，而變成被繼承的標的。而且當受託人因為死亡而任務終了時，由於信託關係並未因此消滅，所以須由委託人指定或由法院選任的新受託人來接任處理信託事務。

2. 對信託財產不得強制執行。

前幾年曾傳出某一家高科技公司將其大部分財產交付信託，但由於該公司欠多家銀行的高額貸款尚未還清，所以銀行團聽聞後大為緊張，很怕該公司藉此脫產，而造成欠銀行團的貸款將來會還不出來。為什麼銀行團會如此緊張？

因為**委託人的財產只要進入信託，必須移轉所有權，便不屬於委託人的財產，而是變成受託人名下的財產**，銀行當然不能對其強制執行。除非是信託前早就存在的債權債務關係，在該財產交付信託前，債務人（委託人）已經在該財產上設定抵押權等擔保物權，那麼抵押權等擔保物權人仍然能就該信託財產強制執行，拍賣換價滿足債權。

由此可知，信託財產原則上不會受到債權人強制執行，所以信託財產將受到一定程度的保障。

3. 信託關係的存續性。

莊先生感嘆人生在世難免生老病死，若當年事已高精力不再、或發生意外遭逢巨變，但其他親人或年幼子女還需要照顧時，那該怎麼辦？

莊先生接受專業顧問建議，可以透過信託預作規劃，達到長期照顧的功能，而且信託關係不因委託人或受託人死亡、破產、解散等而消滅。透過信託機制，即使委託人不在人世，受託人仍會依照信託契約，為委託人想要照顧的對象（受益人）管理或運用信託財產，所以就算莊先生過世後，這張信託合約仍然存續有效。

於是，莊先生便以自己為委託人，某家小銀行為受託人，受益人則為他的小孩，並把一間有收租金的不動產移轉到受託人的銀行名下，在信託期間持續把每年的部分租金撥付給小孩。如此一來，莊先生因故去世，他的小孩也不用因此擔心。

但過了十年，這家銀行財務狀況不好而被迫破產，那麼這家銀行所受託的不動產該怎麼辦？依照信託相關法令，信託業者如果解散、破產或撤銷登記，仍可以變更受託人，由新任信託業者繼續執行信託財產的管理與處分。因此，後來由另一家銀行幫忙承接受託人的任務，莊先生的小孩仍可藉由房屋租金繼續生活。

由此可知，信託可以達到長期照顧的目的直到信託終止。而在實務上，**以法人為受託人較不易有受託人更換的問題**。

然而，仍應注意例外情況。委託人所執行的信託行為，若有害於委託人之債權人的權利，債權人得聲請法院撤銷。即便如此，債權人主張的撤銷，不會影響受益人已取得的信託利益。除非受益人取得利益時，早就知道將對委託人之債權人不利，其信託才會被撤

銷（信託成立後 6 個月內，委託人或其遺產受破產之宣告者，推定其行為有害及債權）。

● 節稅小辭典

信託的基本費用

通常會有信託規劃顧問費、簽約手續費、信託管理費。

規劃顧問費：依照個案洽談，數萬到百萬都有，若是身障公益類的會較低。

簽約手續費：通常以信託財產總額 0.1% 收取，最低 3,000 至 10,000 元。

信託管理費：按信託財產淨值的 0.2% ～ 2% 每年計收，且每月最低 1,000 至 5,000 元。

可參考中華民國信託業商業同業公會網站。

7

如何讓「耳」孫們還記得你？
〈信託 vs. 贈與〉

　　祖父母節，是部分國家、地區對祖父母們有所感謝而創立的節日，也稱作敬老之日。在各地有祖父母的子女們都要盡量回去探望敬愛的祖父母們。在臺灣，2010 年 8 月 29 日，前教育部部長吳清基發起並推動第一屆祖父母節，後將該節日定在每年 8 月的第 4 個星期日，學童可以趁著學期開始前與祖父母相處增進親情。

　　為何會提到祖父母節？因為我曾在老人社區演講關於財產傳承的主題，發現大家除了關心遺產贈與稅之外，也很在乎後代子子孫孫是否會記得自己！於是，在演講時，我經常問大家：如何讓「耳」孫還記得您？首先，什麼是耳孫？請看下頁圖表 3-7 向各位介紹孫之世代的名稱。

　　回到如何讓耳孫還記得你？一般來說，有 2 個方法：

1. 留名青史：像是胡適、李白、王羲之、林肯等。
2. 遺臭萬年：像是秦檜、袁世凱、吳三桂等。

　　但是留名青史極為困難，是萬中選一之人呀！另外，誰都不想要遺臭萬年，那麼，以下經過設計的信託計劃，或許很有機會讓耳孫仍然記得你。

　　你可以藉由本人的名義成立信託，也就是委託人是你自己，受

圖表 3-7　孫之世代的名稱

從自己算起代數	孫之世代	名稱
第一代	（不適用）	（自己）
第二代	（不適用）	（子／女）
第三代	第一代	孫
第四代	第二代	曾孫
第五代	第三代	玄孫
第六代	第四代	來孫
第七代	第五代	晜孫
第八代	第六代	仍孫
第九代	第七代	雲孫
第十代	第八代	耳孫
第十一代或以後	第九代或以後	無特別稱謂，多數以「耳孫之～」來稱呼

※若一代以 30 年計算，到了耳孫，差不多是自己死後 200 年。

益人為所有你未來的孫字輩，也就是稱呼你為祖父母、曾祖父母或曾曾……祖父母的孫子都算。

　　然後在信託合約中註明，每位 10 歲到 20 歲的孫字輩，每年在你的忌日可以領 1 萬元的紅包，但前提是孫字輩的人必須交一篇作文，標題為「我的祖先 XXX」，寫下關於你的生平、事蹟、興趣、祖訓與心得等文章。

　　至於這個信託要準備多少錢呢？經過計算，平均每代有 2 位兒女，2 的 8 次方等於到第八代耳孫共 256 位，256 位 ×10 年 ×1 萬 ＝ 2,560 萬。因此，只要準備 2,560 萬作為信託財產的本金，就能讓後代子子孫孫記住你。甚至這當中還有可能因為利息或是好的投資

理財方式，讓孫字輩領到更多。當然，每個家族都可以自由設定紅包的金額多寡。這樣有趣的信託規劃，是不是能讓代代子孫都能記得您呢？

信託的課稅原則

　　信託的課稅概念主要採行「導管理論」（Conduit theory），信託就好像一根管子，委託人將財產放入管子內，由受託人保管這根管子，最終將信託利益移轉給受益人。

　　受託人雖然取得財產所有權，但只是名義形式移轉，並不享有運用信託財產實際獲得之經濟上利益，所以不應向受託人課稅，而所有的課稅效果應隨同利益的流向，在利益發生當期直接歸屬到委託人或受益人。

　　信託財產發生的收入，受託人應於所得發生年度，按所得類別減除成本、必要費用及損耗後，分別按信託約定的比例，計算受益人之各類所得額，填發扣繳（免扣繳）憑單給受益人，再由受益人併入當年度所得額，依《所得稅法》規定課稅。我把信託契約核課原則整理成下頁圖表 3-8。

信託 vs. 贈與稅

　　他益信託，主要對委託人課贈與稅。《遺產及贈與稅法》第 5-1 條表示：「信託契約明定，信託利益之全部或一部之受益人為非委託人者（他益信託），視為委託人將享有信託利益之權利贈與該受

圖表 3-8　信託契約核課原則

受益人角色	委託人保留權利範圍	課稅原則			說明
		信託契約成立時	信託期間所得稅之所得人	信託利益實際分配時	
受益人不特定，但明定有受益人的範圍及條件	委託人無保留特定受益人分配他益信託利益之權利，或變更信託財產營運範圍、方法之權利	核課贈與稅	受託人	無	他益信託
	委託人保留變更受益人或分配、處分信託利益之權利	不課贈與稅	委託人	核課贈與稅	視為自益信託
受益人特定	委託人無保留變更受益人及分配、處分信託利益之權利	核課贈與稅	受益人	無	他益信託
	委託人僅保留特定受益人間分配他益信託利益之權利，或變更信託財產營運範圍、方法之權利	核課贈與稅	受益人	無	他益信託
	委託人保留變更受益人或分配、處分信託利益之權利	不課贈與稅	委託人	核課贈與稅	視為自益信託

益人，依本法規定，課徵贈與稅。」那麼，**課徵贈與稅的時點是什麼時候？信託成立時。**

　　至於課多少錢？和贈與稅權利價值的計算有關，在信託利益為金錢時，以信託金額為準；在信託利益為金錢以外的財產時，以贈與時信託財產之時價為準。舉例來說，以 1 億成立他益信託，1 年後本利和（按：本金＋利息）約 1.1 億才移轉給受益人，成立時即視為贈與 1 億，課徵贈與稅。這又分成以下兩種情況，並附上規劃方式給各位參考：

1. 本金他益，孳息自益：

　　以信託金額或財產時價，按贈與時起至受益時止的期間，依贈與時郵政儲金匯業局一年期定期儲金、固定利率複利折算現值計算。

　　舉例來說，假設郵局一年期定期固定利率為 1.2％，以 1 億成立他益信託，1 年後本金移轉給受益人，孳息仍歸委託人所有，成立時即視為贈與 98,814,229 元（＝ 100,000,000÷〔1 ＋ 1.2％〕），須課徵贈與稅。

　　假設 20 年後本金移轉給受益人，孳息仍歸委託人所有，成立時即視為贈與 78,775,243 元（＝ 100,000,000÷〔1 ＋ 1.2％〕^{20}），須課徵贈與稅。

　　概念上，贈與金額是把未來贈與給受益人的財產價值，透過稅法指定利率折現到信託成立時點。

　　規劃方式：本金他益部分，當信託期間越長或利率越高時，折現回來的本金越低，相當於贈與總額越低，節稅效果越佳。而孳息自益的部分，可用來規劃成為委託人的退休年金。

2. 本金自益，孳息他益：

反之，一年後本金歸委託人所有，孳息移轉給受益人，則委託人的贈與金額為 1,185,771 元（100,000,000 － 98,814,229）；因贈與金額小於每人每年的贈與免稅額 220 萬，所以不用課徵贈與稅。

20 年後本金歸委託人所有，孳息移轉給受益人，則委託人的贈與金額為 21,224,757 元（100,000,000 － 78,775,243）。

規劃方式：利率越低，折現回來的本金越高，贈與的孳息金額就相對越低，贈與信託節稅規劃效果越佳。以現在（2021 年）郵局一年期固定利率約 0.78％ 來看，成立 2.84 億以下的本金自益孳息他益的一年期信託，不用繳贈與稅。

信託綜合規劃上，建議思考如何分散所得於每個年度，降低所得稅，像是成立孳息他益信託，成立時繳納相對較低的贈與稅，並把每年產生的信託所得分散至較低稅率的受益人身上，也有助於降低未來的遺產稅。

保險金也可以信託，以免受益人隨意揮霍

另外介紹保險金信託（見圖表 3-9）。一般父母如果直接購買保險，受益人是小孩，身故後，小孩可能不善理財，以致當初的保險無法發揮原父母的期待。所以，便有保險金信託的設計產生。

保險金信託的架構一般為自益信託，要保人可能為父母，保單的受益人為小孩，即為信託委託人，同時也是信託受益人，受託人通常為銀行（銀行會視案件複雜度及信託資產規模，收取每年 0.3％

圖表 3-9　保險金信託關係圖

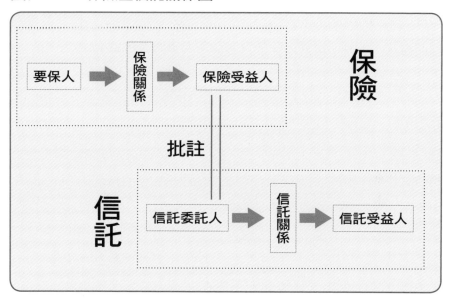

至 2% 的信託管理費）。

　　信託財產為委託人（即保單受益人）可得受領，而且交付受託人之保險金（實務上，保險單要批註此信託內容）。保險金給付後的信託存續期間及信託的利益分配，可由委託人自行約定。例如為了照顧受益人，生活費於每月 10 日定期支付，教育與醫療費用則憑單據實支實付，若受益人尚未成年，可約定各階段的教育學費支出撥付。

　　透過受託人專業管理資產，運用穩定收益的理財方式管理保險金，實現保單要保人及信託委託人（即保險受益人）之特定目的，以避免保險金受益人理財不當致財產縮水或隨意揮霍，而未達到保障生活的目的。

　　最後還有節稅好處：保險金指定受益人免課遺產稅，信託契約委託人與受益人為同一人時，也免課徵贈與稅。所以，**信託就像為保險金加了一層防護罩，保障保險金留給最親愛的家人。**

　　另一種保險金信託做法為他益信託，規劃方式可以是父母為委託人，與受託人（銀行）簽訂完全他益之金錢信託契約，信託財產的受益人為小孩。每年可以在贈與免稅額度內，投入一筆資金到信託內，增加他益信託之金額，並約定用於繳納以父母為要保人及被保險人的保單保費，而且該保單之受益人為信託財產專戶，屆時父母身故後，小孩由信託專戶直接獲得保險給付，並依照信託契約內容，執行給付與照顧等計劃。

第四章

有房斯有財，
儘管政府要你萬萬稅
──不動產篇

買個不動產，政府收你萬萬稅
〈不動產加稅的演進與趨勢〉

　　新聞報導，臺北市東區 40 年的老牌餐廳永福樓，因東區商圈沒落、租金太高，只好於 2019 年 2 月底吹熄燈號，而永福樓的案例只是東區近年來，眾多歇業商店的其中一家而已。

　　東區商圈近百間店鋪空置、招租廣告林立，並非一日之寒，我在這兩、三年每次經過東區時，總是發現有越來越多的店面停業或招租，逛街人潮也少了許多。我想這些原因，可能跟近年房屋租金居高不下與不動產稅越來越高有關。

　　由於 2012 年不動產實價登錄、2016 年開始實施房地合一稅後，再加上政府有意將土地公告現值調漲至與市價貼近，導致不動產相關的稅負越來越高，連帶影響房東持有的成本，因此房東才有各種理由不想調降租金。

　　下頁圖表 4-1 是臺北市不動產五十多年來的房價圖，柱狀條是臺北市的每坪平均房價，折線是房價上漲率。看起來這 50 年來，上上下下經過了 5 次大循環，起漲、高峰、回跌分別於 1967 年 6 月至 1968 年 7 月、1973 年 1 月至 1974 年 2 月、1979 年 10 月至 1980 年 7 月、1988 年 1 月至 1989 年 6 月、2009 年 7 月至 2013 年。

　　然而，從柱狀條來看，每坪房價逐年升高，到現在房價上漲率早已突破 100%，難怪老一輩的說，房子放久了都會賺錢。

　　2017 年，臺灣的平均國民年所得來到 21,310 美元（按：約新臺

圖表 4-1　臺北市房價圖

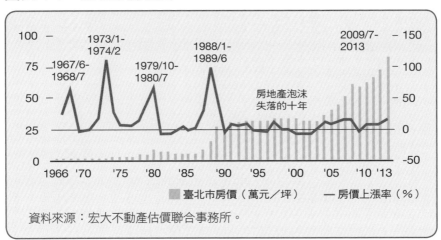

資料來源：宏大不動產估價聯合事務所。

幣 64 萬），55 年來成長了 130 倍；而臺北市平均房價來到了每坪
56.8 萬，55 年來成長 150 倍，2013 年的房價更曾高達每坪 85.5 萬元，
50 年來成長 226 倍（見圖表 4-2）。

圖表 4-2　55 年前後的國民所得、房價差距

	1962 年	2013 年	2017 年	55 年成長
平均國民所得	USD 163	USD 18,872	USD 21,310	130 倍
房價 (臺北市)	每坪 NTD 3,786	每坪 NTD 85.5 萬	每坪 NTD 56.8 萬	150 倍

　　你看到這樣的數據有什麼感覺？是不是覺得薪水追不上房價？
另外，從國稅局的觀點來看，房價雖然很會漲，然而政府課的稅，

似乎無法就房地產的市價去課稅，所以只能看得到吃不到。無怪乎這幾年，政府想盡辦法要增加不動產的稅負。

政府在這幾年針對不動產相關的稅負，做了不少稅制的改革。在過去，大部分出售房屋的人，都用財政部每年頒布的標準（每個地區每年都會有一個標準率，簡稱部頒標準），乘上你賣的房屋的評定現值，來計算房屋交易所得。

到了 2011 年 6 月，政府為了打擊短期炒房，增訂了奢侈稅（特種貨物及勞務稅），規定房屋持有 2 年內就賣出的，要以成交價課 10%～ 15% 的奢侈稅；同年 7 月，針對高總價的房屋加重房屋稅，俗稱豪宅稅。

2012 年 8 月政府開始實施不動產實價登錄，所有買賣不動產都要申報揭露成交價；2013 年，房屋租金收入也要繳二代健保費（補充保險費）。

到了 2016 年，開始實施房地合一稅。過去買賣房子，建物部分所繳的財產交易所得稅，大部分是用房屋評定現值去計算，而土地只要繳土地增值稅（用土地公告現值去計算），不用繳土地實際獲利差價的所得稅；房地合一稅則是用土地買賣的實際成交價差額，當作課稅基礎，讓不動產課稅，正式進入到實價課稅的層次。

另外，前面也提到了，政府有意將土地公告現值調漲至與市價貼近，再加上土地公告現值不用經過立法院通過，而是由各地方政府依法令規定辦理並公告，所以土地公告現值每年默默的調漲，就像溫水煮青蛙，當你賣掉房子的時候，才會發現土地公告現值漲了那麼多，因此影響不動產相關的稅負也就越來越高。我整理了不動產稅的演化，見下頁圖表 4-3。

以下章節會陸續分享不動產相關稅負的細節。

圖表 4-3　不動產稅的演化

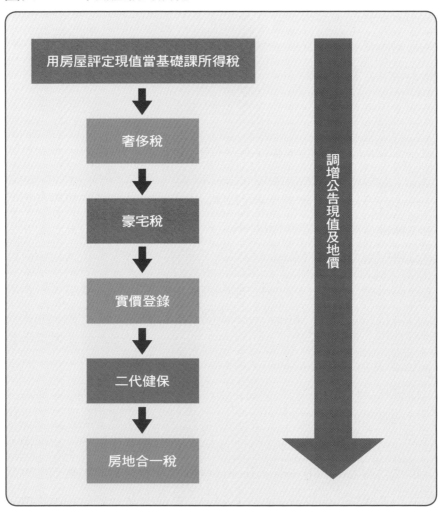

● 節稅小辭典

　　原則上，只要是不動產，都會採用「土地公告現值」來當作計算課稅價值的基礎。什麼是土地公告現值？土地公告現值，是由直轄市或縣（市）政府對於轄區內的土地，調查最近 1 年土地買賣價格或收益價格，並依據調查結果，劃分地價區段及估計區段地價後，提經地價評議委員會評定通過的地價，作為土地移轉時，稅捐機關審核土地移轉現值的依據。因此，土地公告現值為課徵土地增值稅的稅基。

　　有鑑於此，只要土地公告現值上漲，便會影響稅金的多寡，例如只要你持有土地，就會有地價稅；若賣掉不動產，就會有土地增值稅；贈與不動產，贈與時價就是用土地公告現值來計算贈與總額；把房子留給下一代，不動產的遺產稅也是用土地公告現值來計入遺產總額。

　　舉例來說，假設你有一間不動產在今年土地公告現值是1,000 萬，若每年漲 10％，10 年後，這筆不動產的土地公告現值將變成約 2,600 萬，再以遺產稅率 10％ 計算，該筆土地的遺產稅從 10 年前 100 萬，10 年後增加至 260 萬，你說這影響是不是很大？

　　另外，過去不動產的土地公告現值，通常比市價（實際買賣成交價）還低很多，尤其在寸土寸金的黃金地段，有些新房子，土地公告現值只有市價不到 30％。若是政府有心且決定讓土地公告現值趨近於市價的話，所有跟不動產相關的稅負也會

（續下頁）

因此暴漲。

　　下表是六都 2009 年至 2011 年，政府給的土地公告現值占市價的比重（按：2010 年 12 月 25 日，臺中縣市、臺南縣市各自合併升格直轄市，前者訂為臺中市，後者訂為臺南市；桃園縣於 2014 年 12 月 25 日改制為直轄市，名稱訂為桃園市）：

2009 年至 2011 年，土地公告現值占市價比重

縣市＼年		2009	2010	2011
臺北市		85.82	85.85	86.70
新北市		84.74	85.08	86.12
高雄市		81.22	82.19	83.18
桃園縣		78.99	79.67	81.45
臺中市	臺中市	64.80	65.72	73.75
	臺中縣	71.46	73.29	
臺南市	臺南市	84.91	85.73	84.51
	臺南縣	84.41	84.81	
全國平均		78.53	79.29	81.48

資料來源：內政部。　單位：％。

　　財政部在 2011 年時，信誓旦旦的說：「預計 2015 年將土地公告現值調至占市價 90％。」所以之後每年如下頁圖表般調漲（可至內政部地政司網頁查詢）。以雙北來看，2010 年，土地公告現值調幅分別是 2.12％ 和 2.3％，然而，2011 年一口氣

（續下頁）

歷年全國土地公告現值調幅表

	全國	臺北市	新北市	桃園市	臺中市	臺南市	高雄市
2009	1.4	2.61	1.06	1.74	1.44	0.15	0.97
2010	1.7	2.12	2.3	4.58	0.78	0.04	0.38
2011	8.35	12.08	15.33	6.89	7.77	0.60	2.06
2012	8.65	9.87	12.19	7.84	15.70	3.87	4.05
2013	7.95	9.31	11.24	10.85	4.79	4.71	6.00
2014	14.19	13.23	17.44	22.77	24.43	11.09	10.42
2015	12.03	10.63	15.17	12.56	11.06	12.49	15.17
2016	6.70	6.23	3.65	8.35	8.02	7.87	6.91
2017	0.34	-2.43	-0.37	-1.10	1.75	1.30	0.68
2018	-0.83	-1.76	-1.82	-2.41	-0.98	-0.04	-0.42
2019	0.46	0.80	-0.24	-1.02	0.96	0.92	0.33
2020	0.72	1.52	0.05	2.12	-0.98	0.98	0.32
2021	1.64	2.17	1.83	2.68	1.48	2.52	0.76

資料來源：內政部地政司＞地政學堂＞地價業務＞地價統計資料。
歷年公告土地現值及公告地價調幅統計表（https://www.land.moi.gov.tw/chhtml/content/65?mcid=2942&qitem=1）。
單位：％。

調為 12.08％ 和 15.33％，從這便可看出財政部的狠心及決心。

我們再來檢視財政部曾說：「預計 2015 年將土地公告現值調至占市價 90％。」是真的還假的？從下頁圖表可以發現，2015 年時，六都中只有臺中市未達標；到了 2021 年，六都均已達標。

不過，你們相信以上的數據嗎？土地公告現值真的已占市

（續下頁）

價高達 90％？以臺北市中正區和大安區的行情為例，經過實際計算，土地公告現值占市價比例只有 43％ 至 50％ 而已。你相信誰呢？

　　套一部知名電影《別相信任何人》來說，每個人其實只要查詢自家的土地謄本中的公告現值，再利用內政部不動產交易實價查詢服務網站，在網站中只要抓取所在附近地段的不動產行情，而且記得要乘以房地比，還要記得以同一個面積單位來比較（平方公尺或坪），用謄本上的土地公告現值除以實價登錄網土地部分的成交行情，便知道有沒有 90％ 了。

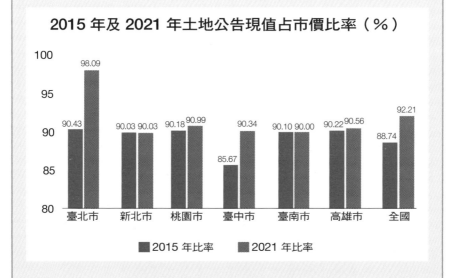

2015 年及 2021 年土地公告現值占市價比率（％）

沒算你不知，養車稅金比養房還貴〈不動產相關稅捐〉

　　一對小夫妻婚後買了一棟房子。買房子時繳了契稅，之後每一年都要繳房屋稅及地價稅；3 年後他們生了孩子，覺得房子太小要換大一點的房子，於是賣房子時要繳土地增值稅、房屋交易所得稅或房地合一稅；訂定買賣契約要貼印花，課印花稅。

　　後來，他們又買了一間房子時要繳契稅。當兩人年紀漸長，決定把其中一間房子贈與給小孩，繳了土地增值稅、契稅及贈與稅。最後這對夫妻離開人世，把房子傳給小孩繼承，小孩繳了遺產稅後，全部房子歸小孩所有。

　　從取得房子、擁有房子及賣出房子等各個階段，這些和房子有關的事，都離不開稅。

　　不動產的各種稅負有規定課稅的對象及課徵的時機：買屋時要繳契稅，當你持有房地產的那刻起，每年要繳土地的地價稅及建物的房屋稅；當賣出時，土地要繳土地增值稅，房屋要繳財產交易所得稅；進行房地產交易時，簽訂的契約要繳印花稅，交易產生的所得要繳個人所得稅。

　　如果是用不動產來作資產傳承，贈與房地產給他人時，要課贈與稅以及土地增值稅，而被繼承的房地產則要課遺產稅。如果是營利事業交易的房屋，要再多繳營業稅（見下頁圖表 4-4）。

　　特別提醒，房地產的交易產生的所得，可能會因適用房地新制

或舊制之規定，而要繳新制的房地合一稅，或是繳舊制的房屋財產
交易所得稅（舊制土地交易所得免稅），我在後面會詳細介紹。

你的房屋稅率是多少？

過去幾年房屋稅制的變動有開徵豪宅稅，以及調高房屋稅稅率、
核定單價及地段率等，其中房屋稅稅率會依照不同用途，適用不同
稅率。

針對住家用稅率，如果是自住房屋，而且無出租，並限制本人、

圖表 4-4　不動產依時機及對象，有不同的稅負

稅捐標的＼時機		持有	移轉（取得、出售）		
			買賣、交換	繼承	贈與
房地產稅	土地	地價稅	土地增值稅	免徵增值稅、契稅，改課遺產稅（10%～20%）	土地增值稅、契稅、贈與稅（10%～20%）
	建物	房屋稅	契稅（6%）		
交易稅	房地交易（出售）			自然人	舊制：個人所得稅（5%～40%）新制：房地合一稅（10%～45%）
				境內法人	營業稅（5%）、營利事業所得稅（20%～45%）
	契約（公定物權契約）				印花稅（0.1%）

※房地合一稅於 2016 年 1 月開始。

配偶或直系親屬實際居住使用，加上本人、配偶及未成年子女全國合計 3 戶以內，適用最低房屋稅率 1.2%；而供其他人住家用房屋稅率最高為 3.6%，這些視各縣市規定而有所差異。

　　以臺北市為例，若同一人持有 3 戶以內，而且符合房屋自住使用的規定，稅率 1.2%；持有非自住之住家用房屋，在 2 戶以下者每戶適用 2.4%，持有 3 戶以上者每戶適用 3.6%（見圖表 4-5）。

　　房屋稅的計算公式如下：

> 應納稅額 ＝ 房屋課稅現值 × 稅率

圖表 4-5　房屋稅率

房屋使用情形		法定稅率 最低	法定稅率 最高	臺北市稅率
住家用	自住或公益出租人出租使用	1.2%		1.2%
住家用	非自住之其他住家用	1.5%	3.6%	持有臺北市 2 戶以下者，每戶 2.4%
住家用	非自住之其他住家用	1.5%	3.6%	持有臺北市 3 戶以上者，每戶 3.6%
非住家用	營業、私人醫院、診所、自由職業事務所使用	3%	5%	3%
非住家用	人民團體等非營業使用	1.5%	2.5%	2%
空置房屋		1.5%	3.6%	目前並無課徵

● 節稅小辭典

2021 年最新規定：遺囑信託下不動產，可申請自住稅率

2020 年，一位家長生前為了託孤，便將留下來的不動產安排遺囑信託，計劃待遺孤成年後，再將房地所有權回歸到子女身上。沒想到當他去申請地價稅及房屋稅自住優惠稅率時，卻遭稅務單位拒絕。

2021 年 1 月，財政部發布了新的遺囑信託解釋令，只要遺囑信託生效及信託關係存續，受益人為委託人的繼承人，且是委託人的配偶或子女，而該房屋供受益人本人、配偶或直系親屬居住使用且不違背該信託目的，**信託關係消滅後，信託財產之歸屬權利人為受益人者，該受益人視同房地所有權人。**

符合條件者，於信託關係存續中，准按自用住宅用地稅率，課徵地價稅及房屋稅。

不動產持有稅，繳得比汽車牌照稅還少？

據聞歌手周杰倫所住的臺北市中正區豪宅「元大一品苑」，一戶市價約 1.3 億，而每年他繳的不動產持有稅是 5.4 萬。他同時也有許多跑車，當中有一輛 4,400 CC 的汽車燃料費和牌照稅，每年都要繳 5.7 萬，這樣看下來，他繳跑車的稅比房子還多。

看到這則新聞後，我驚訝的叫一個朋友拿出他的稅單來比較看看，果真發現汽車的持有稅比房子的持有稅還高。

　　朋友拿出一棟臺北市文山區、市價 2,100 萬、42 坪的房子所繳的房屋稅單、地價稅單。計算下來，他每年所繳的房屋稅是 3,754 元，加上地價稅 2,460 元，合計每年不動產持有稅是 6,214 元。接著再除以房子的市價，可以得出實質稅率是 0.03％，其計算如下：

不動產持有稅＝ 3,754 ＋ 2,460 ＝ 6,214 元
實質稅率＝ 6,214÷2,100 萬＝ 0.03％

　　同時，他有一輛 2,000 CC 的汽車，每年要繳汽車牌照稅 1.12 萬，還有一間在美國堪薩斯城（Kansas City）市價 30 萬美元（按：約新臺幣 900 萬）的房子，每年財產稅約付 4,000 美元（按：約新臺幣 12 萬），得出實質稅率是 1.33％，其計算如下：

實質稅率＝ 4,000 美元 ÷30 萬美元＝ 1.33％

　　從以上 3 個數據來比較，可以得知他養車比養臺北市房子的稅金還貴；另外，他在美國的房子也比臺北市的持有稅高出很多，實質稅率相差竟然高達 44 倍！

　　這樣看下來，你覺得美國稅局（Internal Revenue Service，簡稱 IRS）厲害還是臺灣國稅局厲害？而這也是為什麼政府近年來，不斷調高公告地價或房屋評定現值的原因之一，因為不動產持有稅的課稅基礎，就是公告地價或評定現值。

想住大房子，請繳豪宅稅

根據 2017 年 11 月實價登錄最新資料，皇翔建設位於臺北市臨沂街的豪宅案「皇翔御郡」，拆算車位後，最新 2 樓每坪成交價為 120.9 萬，單價較當初開價打了 6 折。但值得注意的是，該案總價為 7,988 萬，僅差 12 萬就會到達要課豪宅稅的 8,000 萬總價門檻，加上車位價格偏高，這顯示了買方在購屋時，可能有想避開被課豪宅稅的考量。

豪宅稅是什麼？以往由於高級住宅與一般房屋課稅之評價標準相同，高級住宅較鄰近一般房屋的房價貴很多，其稅負明顯偏低。因此政府為了促進租稅負擔合理化，更真實反映高級住宅應有的房屋評價及稅負能力，同時防堵高所得者透過購置高級住宅，規避遺產及贈與稅，期使課稅更趨公平合理，於是從 2011 年 7 月 1 日起，高級住宅加價課徵房屋稅。

依照國稅局的定義，什麼叫豪宅（高級住宅）？那就是，房屋為鋼筋混凝土以上構造等級，用途為住宅，經過按戶認定房地總價在 8,000 萬（含車位價）以上者，就認定為高級住宅。

有鑑於此，從 2017 年 7 月起，豪宅稅加價方式有以下 2 種：

1. 在 2001 年 6 月 30 日以前建築完成的高級住宅：

因適用原房屋標準單價，仍按該棟房屋坐落地點之街路等級調整率（以下簡稱路段率）加價核計。

例如原標準單價為 5,080 元，依路段率 200％加價方式調整後，該高級住宅的標準單價為每平方公尺 1 萬 5,240 元（5,080 元 ×

〔1+200%〕）。

2. 在 2001 年 7 月 1 日以後建築完成的高級住宅：

因適用 2014 年 7 月起新標準單價，自 2017 年 7 月起，改按固定比率 120% 加價。例如高級住宅適用新標準單價每平方公尺 1 萬 3,200 元，依固定比率 120% 加價方式調整後，該高級住宅之標準單價為每平方公尺 2 萬 9,040 元（1 萬 3,200 元 ×〔1+120%〕）。

從上可知，豪宅稅管制至今仍未解套，高端客戶房屋持有稅成本將差到 1.2 倍之多，讓許多買家在購屋總價上，希望盡量壓低在總價 8,000 萬以內，以減輕持有成本的壓力和差異。

一生一次、一生一屋
〈土地增值稅〉

　　國父孫中山有個理想：漲價歸公、平均地權，讓土地的利益全民共享。而漲價歸公的理念，是來自美國 19 世紀社會改革家亨利·喬治（Henry George），他認為土地漲價的利益，被不勞而獲的地主獨享很不公平，因此政府應對土地課稅，把土地漲價的部分全數充公，讓社會大眾分享土地增值的好處。

　　漲價歸公的精神落實於《憲法》第 143 條：「土地價值非因施以勞力資本而增加者，應由國家徵收土地增值稅，歸人民共享之。」也就是說，土地增值稅是針對土地所有權人的土地於移轉時，因自然漲價、並按照土地漲價總數額採用倍數累進稅率，計算繳納的一種租稅，其計算公式如下：

土地增值稅＝土地漲價總數額 × 稅率－累進差額

　　決定土地增值稅多寡有 2 個主要關鍵因素，一個是土地漲價總數額，另一個是決定稅率的漲價倍數。

　　土地漲價總數額，即在你持有的期間，這塊土地到底實際增值了多少，所以漲價總數額就是，出售土地（所有權移轉或設定典權）時的公告現值，減掉購買時的公告現值（前次移轉現值或原規定地價及土地改良費用後的數額）。其中，原規定地價及前次移轉時核

計土地增值稅之現值，當遇到物價有變動時，要按政府發布的物價指數調整後，再重新計算土地漲價總數額，其計算公式如下：

土地漲價總數額＝申報土地移轉現值－原規定地價或前次移轉時所申報之土地移轉現值×（臺灣地區消費者物價總指數÷100）－（改良土地費用＋工程受益費＋土地重劃負擔總費用）

另一個關鍵因素：漲價倍數，是指土地價值到底增加了幾倍，增加倍數越高，稅率就越高，所以漲價倍數是按土地漲價總數額，除以你當初取得時的原地價。而在計算這些數據時，因時光的推移經過，物價早已成長，因此，一定要按物價指數調整才能反映真實的價值波動，其計算公式如下：

漲價倍數＝土地漲價總數額 ÷ 按物價指數調整後之原地價

簡單來說，土地增值稅的金額等於，土地漲價總數額乘上稅率。而一般用地按漲價倍數分 3 級稅率 20%～40% 累進課徵（我把速算表整理在圖表 4-6）。

舉例而言，假設林先生買一塊土地的現值為 100 元，持有年限是 20 年以下，賣出時移轉現值為 360 元，而這期間的物價指數調整為 120%，那麼土地漲價總數額為 240 元，其計算如下（單純計算，暫先忽略改良土地費用、工程受益費、土地重劃負擔總費用）：

土地漲價總數額＝ 360 －（100×120%）＝ 240

　　土地漲價總數額為 240 元，再除以按物價指數調整後的原地價 120 元，可以得出漲價倍數為 2（土地價值增加了 2 倍）。因為漲價倍數分 3 級稅率累進課徵，所以再根據圖表 4-6 的速算表計算，得出最終土地增值稅應納稅額為 60 元，其計算如下：

漲價倍數＝ 240÷（100×120%）＝ 2
土地增值稅＝ 240×40%－ 120×30%＝ 96 － 36 ＝ 60

圖表 4-6　一般用地稅率速算表

持有年限 稅級別	20 年 以下	20 年～ 30 年	30 年～ 40 年	40 年 以上
第一級 漲價倍數＜ 1	a×20%	a×20%	a×20%	a×20%
第二級 漲價倍數≧ 1 ＜ 2	a×30%- b×10%	a×28%- b×8%	a×27%- b×7%	a×26%- b×6%
第三級 漲價倍數≧ 2	a×40%- b×30%	a×36%- b×24%	a×34%- b×21%	a×32%- b×18%

※ a：土地漲價總數額。
　 b：原規定地價或前次移轉現值總額（按物價指數調整後之總額）。

一生一次、一生一屋、重購退稅

　　你看到這裡，或許會問土地增值稅有沒有辦法節稅？有！而且有機會退稅或是以 10% 的優惠稅率來課徵，但前提得符合自用住宅的條件。

　　10％ 的優惠稅率，每個人一生都有一次可以先使用，接下來陸續再換屋時，只要名下僅有一間房屋，也可以繼續無限次的適用自用住宅優惠稅率 10％，我們稱為「一生一次」及「一生一屋」，其計算公式如下：

> 自用住宅用地稅額＝土地漲價總數額 × 10％

　　至於要用一生一次的優惠須同時符合下列條件：

　　1. 地上建物須為土地所有權人或其配偶、直系親屬所有，並於該地辦竣戶籍登記。

　　2. 都市土地是 300 平方公尺，約 90.75 坪；非都市土地是 700 平方公尺，約 211.75 坪。

　　3. 出售前 1 年內，即簽約買賣（立約日）之前 1 整年，無供營業使用或出租者。

　　4. 每一土地所有權人一生一次為限。

　　5. 房屋價值限制為自用住宅建築完成 1 年內，其房屋評定現值須達所占基地公告現值之 10％。

　　每人符合上述條件移轉土地享受自用住宅用地稅率，一生限用一次。

　　而使用一生一屋的優惠須同時符合下列條件：

　　1. 個人「一生一次」的優惠稅率已經使用過。

2. 都市土地是 150 平方公尺，約 45.37 坪；非都市土地是 350 平方公尺，約 105.87 坪。

3. 出售前持有該土地 6 年以上。

4. 出售時土地所有權人與其配偶及未成年子女，無該自用住宅以外的房屋（即僅限持有一屋）。

5. 土地所有權人或其配偶、未成年子女於土地出售前，在該地設有戶籍且持有該自用住宅連續滿 6 年。

6. 出售前 5 年內，即簽約買賣（立約日）之前 5 年內，無供營業使用或出租。

自用住宅用地的一生一次及一生一屋兩種優惠，稅率均為 10%，比一般用地的稅率 20% ～ 40% 省了不少稅。在規劃買賣房屋時要特別注意，以免失去可以節省荷包的機會。

另外，就算已經繳納了 10% 的土地增值稅，我們還是有機會退稅；只要在 2 年內，再去買一間土地比較貴的房子，就可以去向國稅局申請退稅，稱為「重購退稅」。

土地重購退稅優惠，指的是土地所有權人在出售自用住宅用地，從完成移轉登記之日起，2 年內重購自用住宅用地，其新購土地地價超過原出售土地地價，扣除繳納土地增值稅之餘額者，可以向主管稽徵機關申請就其已納土地增值稅額內，退還其不足支付新購土地地價的數額。適用優惠要符合以下條件：

1. 原出售土地及新購土地所有權須為同一人。

2. 不論先買後賣或者先賣後買，期間必須在 2 年內。

3. 出售土地及重購土地地上房屋須為土地所有權人或其配偶、直系親屬所有，並且在該地辦竣戶籍登記。

4. 新購土地面積以都市土地未超過 300 平方公尺，非都市土地未超過 700 平方公尺。

5. 出售土地於出售前 1 年內沒有出租或供營業使用。

另外，重購退稅還設了追稅條款，即土地所有權人因重購土地，退還土地增值稅，其重購土地於 5 年內不得有下列事項，否則要追繳原退還稅款：

1. 再行移轉（如買賣、贈與、拍賣）。
2. 土地變更其他用途使用（如設籍人遷出、出租、營業）。

以上 3 種換屋優惠，除了一生一次與一生一屋不能併用，而且必須優先使用一生一次之外，均能同時搭配重購退稅優惠措施使用（見圖表 4-7）。

圖表 4-7　一生一次 vs. 一生一屋 vs. 重購退稅

減稅優惠		一生一次	一生一屋	重購退稅
稅率		10%	10%	退稅
限制條件	出售面積	都市：3 公畝 非都市：7 公畝	都市：1.5 公畝 非都市：3.5 公畝	都市：3 公畝 非都市：7 公畝
	設籍對象	本人或其配偶、直系親屬	本人或其配偶、直系親屬	本人或其配偶、直系親屬
	設籍及持有期間	不限	連續 6 年	不限
	擁有房地戶數	不限	本人＋配偶＋未成年子女，名下總計僅有一戶	不限
	用途	自用，出售前 1 年不得有出租或營業情形	自用，出售前 5 年不得有出租或營業情形	自用，出售前 1 年不得有出租或營業情形
可使用次數		一次	無限	無限
新舊土地買賣價格		不限	不限	新屋＞舊屋
買賣完成期限		不限	不限	2 年內

※1 公畝＝30.25 坪。

好厲害的國稅局，買賣金額瞞不過
〈實價登錄與實價課稅〉

　　2015 年 6 月 5 日立法院三讀通過「房地合一稅」的所得稅法修正案，將數十年來房地買賣獲利時，房屋應稅而土地免稅之房地分開計稅方式，改採房屋與土地均「應稅」之房地合一課稅。

　　這一項重大改革從 2016 年 1 月 1 日起正式實施，而課稅嚴峻的奢侈稅（特種貨物及勞務稅）中的房地部分同時退場，對個人或公司買賣不動產到底增加多少稅負？

　　2013 年有一則新聞曾報導，國庫日益拮据，加上當時實價登錄上路剛滿一年，房仲業者透露，國稅局要求實價申報的案件有增加趨勢，使豪宅屋主更成為重災區。甚至有民眾以總價 8,000 萬出售大安區豪宅，原以評定現值申報交易所得，結果國稅局以實價登錄為本，要求補稅，稅金從大約 28 萬暴增到 240 萬，差距近 9 倍，屋主欲哭無淚。

實價登錄，2020 年新制：紅單交易納管

　　不動產實價登錄自 2012 年 8 月 1 日開始實施，規定買主或地政士或不動產經紀業者，應於辦竣買賣移轉登記後 30 日內，向主管機關申報登錄不動產交易資訊。違反將處以 3 萬到 15 萬的罰鍰，直到改正為止（見下頁圖表 4-8）。

　　2020 年，立法院三讀通過《平均地權條例》、《地政士法》及《不動產經紀業管理條例》等三法修正草案，這次修法除了將門牌及地號完整揭露、預售屋全面納管且即時申報、增訂主管機關查核權及加重罰責外，也納入預售屋紅單交易管理及定型化契約備查規定。

　　紅單交易納管，是此次修法的重點，至於什麼是紅單？為什麼要納管？納管之後又會有什麼成效？我會一一說明。

　　當看過預售屋建案，若喜歡的話，需要先下訂，也就是與建商

圖表 4-8　不動產實價登錄制重點

實施日期	2012 年 8 月 1 日實施，新制於 2020 年 7 月 1 日起實施。
登錄時間	買賣不動產移轉登記或簽訂預售屋買賣契約後 30 日內。
登錄方式	至地政事務所申報登錄或線上申報登錄。
登錄項目	買賣土地、建物、停車位、預售屋之實際成交價，以及租賃委託案件實際成交價等資訊。
登錄人	權利人（買方）、地政士、不動產經紀業者。
相關處罰規定	逾期或登錄不實被查獲者處 3 萬至 15 萬罰鍰，要求期限內改正，未改正者將按次處罰；罰鍰 2 次仍未改善者，將加重按次處 30 萬～ 100 萬罰鍰。
資料公開方式	地號、門牌等成交資訊完整揭露，並溯及修法前已申報登錄之成交資訊。
紅單交易納管	1. 預售屋銷售者收受定金時，應以書面契據確立標的物及價金等事項，並不得約定銷售者保留出售、保留簽約的權利或其他不利於買方事項。 2. 買受人不得將預售屋紅單轉售予第三人，違法者將按戶（棟）處 15 萬～ 100 萬元罰鍰。（2020年新增）

資料來源：內政部。

或代銷業者簽訂「購屋買賣預約單」，並付訂金以保留購買某間房了的資格。通常下訂後，會拿到一張紅色或粉紅色的預約單，即俗稱的「紅單」。

如果在房市多頭快漲的情況下，將紅單轉賣給其他想買房的人，可能每坪賺到 3 ～ 5 萬元。這是因為紅單還沒簽訂正式的買賣合約，還可以向業者退訂，拿回訂金，等於是「無本生意」，尤其在建案潛銷期時，獲利會更大。

舉例來說：假設投資客與建商下訂 30 坪、每坪 40 萬的早鳥價，只要先付 10 萬元訂金。後來，市場價格每坪上漲至 50 萬，新的買家即使開價 45 萬，看似撿到便宜，但投資客早就從中獲利，每坪現賺 5 萬元，30 坪就賺了 150 萬元。

從上面的例子可以想見，投資客炒作紅單，會讓上漲的房子漲得更凶，也會造成波動劇烈。還有，由於紅單尚未簽定正式買賣合約，也沒有到地政登記，所以有獲利的話，國稅局不易查到。

而不動產時價登錄新制，將紅單交易納管，不但規定預售屋銷售者收受訂金時，應立書面契據，且要在簽訂契約後 30 日內揭露，更限制買受人不得將預售屋紅單轉售予第三人，詳細內容我整理在左頁圖表 4-8 最下面一欄。

那麼納管之後，會發生什麼現象？將會扼止投資客的炒作，並控制房價上漲的力量。然而，實務上就要看政府稽查的技術功力，以及建商、代銷業者的配合度。

通常一般人較少會轉讓紅單，都是下訂後，依照流程議價、簽訂合約、依照工期付工程款等，頂多退訂而已。這次修法的紅單納管，更保障了一般民眾的權益，買屋能夠買在真實合理的房價。

那麼，不動產陸續增加稅負成本，稅負到底增加多少？以下將以臺北市大安區指標案例列表（見圖表 4-9）作計算、比較，從過去房屋以部頒標準計稅、實價登錄後、奢侈稅，到新制房地合一稅，一窺財政部對於不動產課稅之變化及課稅趨勢。

實價登錄前，賣房相當於送國稅局一輛賓士車

在 2016 年以前（舊制），核算財產交易所得時，應該以房屋出售時的成交價額，減掉原始取得成本，再減掉因取得、改良與移轉該房屋而支付的一切費用後的餘額為所得額，併入個人綜合所得總額申報。

申報財產交易所得，如果能提出交易時的成交價額及成本費用的證明文件，就應該以收入減掉成本及必要費用來核實計算；如果

圖表 4-9　臺北市大安區不動產買賣案件

	出售	買進	出售減買進	房地比
土地－實價	2.64 億	1.185 億	1.455 億	
房屋－實價	6,600 萬	3,950 萬	2,650 萬	
總價－實價	3.3 億	1.58 億	1.72 億	
土地－公告現值	6,400 萬	1,950 萬	4,450 萬	80%
房屋－評定現值	1,600 萬	650 萬	950 萬	20%
總價－現值	8,000 萬	2,600 萬	5,400 萬	100%
所得額標準	41%	土地增值稅	1,100 萬	
所得額標準－豪宅	46%	仲介等費	1,000 萬	

不能核實申報或未能提出證明文件者，被國稅局查到實際成交價額，將依照查到的資料核定；若未能查到資料，則按財政部頒定的財產交易所得標準核定（每年每個地區都會公布標準，臺北市房屋所得額比率在 2019 年度為 41％，高級住宅為 46％；新北市為 14％至 35％，其他縣市可至財政部國稅局官網查詢）。

另外，關於可減掉的相關成本及費用如下：

1. 成本方面：

●取得房屋的價金。

●購入房屋達到可供使用狀態前支付的必要費用，包括契稅、印花稅、代書費、規費、監證或公證費、仲介費等。

●當初這棟房子登記在自己名下前，向金融機構借款的利息。

●取得房屋所有權後，使用期間支付能增加房屋價值或效能，而且不是 2 年內所能耗竭的增置、改良或修繕費。

2. 移轉費用方面：

為出售房屋支付的必要費用，包括仲介費、廣告費、清潔費、搬運費等。

取得房屋所有權後，在出售前所繳納的房屋稅、管理費及清潔費、金融機構借款利息等，都是屬於使用期間的相對代價，不得列為成本或費用減除。我把上述內容整理在下頁圖表 4-10。

回到前面臺北市大安區不動產買賣案件（見左頁圖表 4-9）來看，大部分的人通常會以財政部每年頒布的標準來申報房屋交易所得稅，在未被國稅局查到房屋買價及賣價時，計算方式為：

用房屋評定現值 1,600 萬，乘以臺北市高級住宅財產交易所得標準 46%（2019 年），得出房屋交易所得 736 萬，併入綜合所得總額後，適用綜所稅最高稅率 40%，在不考慮累進差額的狀況之下，該筆房屋出售所得，應課 294 萬的所得稅（見圖表 4-11）。相當於賣該棟房子，要送一輛賓士車給國稅局。

如果是個人非居住者，所得計算方式與前面相同，但最後稅率用 20% 扣繳（見第一章第 8 節），房屋出售所得應課 147 萬的所得稅（見圖表 4-12）。

實價登錄後，影響多少不動產交易所得稅？

前面提及國稅局若查到實際成交價額，將依照查到的資料核定，

圖表 4-10　房地合一稅前（2016 年前），房屋交易所得稅規定

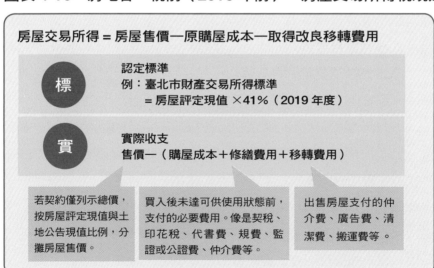

房屋交易所得 = 房屋售價－原購屋成本－取得改良移轉費用

標　認定標準
例：臺北市財產交易所得標準
　　= 房屋評定現值 ×41%（2019 年度）

實　實際收支
售價－（購屋成本＋修繕費用＋移轉費用）

若契約僅列示總價，按房屋評定現值與土地公告現值比例，分攤房屋售價。

買入後未達可供使用狀態前，支付的必要費用。像是契稅、印花稅、代書費、規費、監證或公證費、仲介費等。

出售房屋支付的仲介費、廣告費、清潔費、搬運費等。

而在 2012 年 8 月以前，因為國稅局很難掌握實際成交額，所以大家仍用所得額標準去申報較低的稅。

　　然而，從 2012 年 8 月開始實施實價登錄後，不論是誰，光上網便能查得到你這間房子附近的實價登錄行情，若被國稅局抓到，就會要求重新計算核定所得及稅額。

圖表 4-11　實價登錄前，會怎麼計算居住者的不動產交易所得稅？

未查得房屋買賣價	部頒標準
房屋評定現值	1,600 萬
× 所得額標準 - 豪宅	46%
房屋交易所得	736 萬
× 所得稅率	40%
所得稅	294 萬

圖表 4-12　實價登錄前，會怎麼計算非居住者的不動產交易所得稅？

未查得房屋買賣價	部頒標準
房屋評定現值	1,600 萬
× 所得額標準 - 豪宅	46%
房屋交易所得	736 萬
× 所得稅率	20%
所得稅	147 萬

下面同樣以臺北市大安區不動產買賣案件來個別說明，面對 3 種狀況，該怎麼計算不動產交易所得稅（見圖表 4-13）。

1. 僅查得房屋賣價，不動產買賣合約無房地比。

如果是在 2012 年 8 月以前買的房子，之後在 2012 年 8 月賣掉，那麼國稅局掌握 2012 年 8 月實價登錄之後，賣掉房屋加土地的總成交價 3.3 億，卻不知買進房屋時的價格，再加上你不給他不動產買賣合約書，國稅局也無法得知房屋的部分是占多少價格，所以就會用賣掉房屋加土地的總成交價 3.3 億，乘以房屋占比 20%（房屋

圖表 4-13　實價登錄後，怎麼計算居住者的不動產所得稅？

僅查得房屋賣價 合約無房地比		查得房屋買賣價 合約無房地比		查得房屋買賣價 合約有房地比	
房地總成交額	3.3 億	房地買賣價差	1.72 億	房屋部分價差	2,650 萬
× 房地比	20%	一土地增值稅	1,100 萬	一仲介等費	
歸屬房屋收入	6,600 萬	一仲介等費	1,000 萬	× 房地比	
× 部頒純益率	15%	× 房地比	20%	一歸屬房屋費用	200 萬
財產交易所得	990 萬	財產交易所得	3,020 萬	財產交易所得	2,450 萬
× 所得稅率	40%	× 所得稅率	40%	× 所得稅率	40%
所得稅	396 萬	所得稅	1,208 萬	所得稅	980 萬

評定現值 1,600 萬 ÷〔房屋評定現值 1,600 萬＋土地公告現值 6,400 萬〕），得出歸屬於房屋的收入（不含土地）6,600 萬。

6,600 萬再乘上財政部規定的純益率[5]15％，計算出財產交易所得額為 990 萬，併入綜合所得總額後，再乘上適用最高稅率 40％後，應課所得稅 396 萬。比之前用財政部頒布的所得額標準，多繳了 102 萬，相當於多送國稅局一輛豐田（TOYOTA）高階的汽車。

2. 查得房屋買賣價，不動產買賣合約無房地比。

如果房屋買賣的時間皆在 2012 年 8 月實價登錄之後，那麼國稅局除了能查到該房賣掉時的成交價，也大約能掌握買價了。

這麼一來，就算不動產買賣合約中沒有註明房地比，計算所得的方式便極可能用房地買賣價差 1.72 億（出售的成交價 3.3 億－買進時的成本成交價 1.58 億），減掉土地增值稅 1,100 萬及仲介費等費用 1,000 萬後，得出房地交易所得 1.51 億。

1.51 億再乘以房地比 20％，得出房屋交易所得 3,020 萬，接著併入綜合所得總額後，再乘上適用最高稅率 40％，應課所得稅 1,208 萬。比之前用財政部頒布的所得額標準，多繳了 914 萬，相當於多送國稅局一輛保時捷（Porsche）911 GT3 的跑車。

3. 查得房屋買賣價，不動產買賣合約有房地比。

若不動產買賣合約中都有註明購買及販賣時的房地比，那麼會

---

5 純益率＝所得利潤÷收入，所以用房屋收入乘以純益率，可得出房屋所得。

用房屋部分價差 2,650 萬（出售房屋部分的價格 6,600 萬—買進時的價格 3,950 萬），再減掉仲介費等屬於房屋部分的 200 萬（費用總額 1,000 萬 × 20% 房地比）後，得出房屋交易所得 2,450 萬。

房屋交易所得 2,450 萬併入綜合所得總額後，再乘上適用最高稅率 40%，應課所得稅 980 萬。比之前用財政部頒布的所得額標準，多繳了 686 萬，相當於多送國稅局一輛保時捷 911 Carrera 的跑車。

如果是個人非居住者面對上述 3 種狀況，所得計算方式與前面相同，但稅率用 20% 扣繳，也就是應課 198 萬、604 萬、490 萬的所得稅（見圖表 4-14）。

由於實價登錄後，國稅局能掌握鄰近不動產成交行情，若依財政部頒標準所申報的房屋交易所得明顯過低，國稅局將來函詢問，並可能依實際行情調整稅金。這點必須有心理準備，請務必小心。

圖表 4-14　實價登錄後，怎麼計算非居住者的不動產交易所得稅？

僅查得房屋賣價 合約無房地比		查得房屋買賣價 合約無房地比		查得房屋買賣價 合約有房地比	
房地總成交額	3.3 億	房地買賣價差	1.72 億	房屋部分價差	2,650 萬
× 房地比	20%	一土地增值稅	1,100 萬	一仲介等費	
歸屬房屋收入	6,600 萬	一仲介等費	1,000 萬	× 房地比	
× 部頒純益率	15%	× 房地比	20%	一歸屬房屋費用	200 萬
財產交易所得	990 萬	財產交易所得	3,020 萬	財產交易所得	2,450 萬
× 所得稅率	20%	× 所得稅率	20%	× 所得稅率	20%
所得稅	198 萬	所得稅	604 萬	所得稅	490 萬

壓垮不動產的最後一根稻草
〈房地合一稅〉

　　房地合一稅新制於 2016 年開始實施，大家都知道將會讓不動產的交易所得稅增加許多，所以我在 2015 年受邀到非常多場合，做房地合一稅的專題演講。

　　照理說，不動產的稅負成本增加，建設公司、不動產代銷或仲介業應該不會想邀請我來為他們的客戶演講才對，但是這些不動產業者很精明，他們認為，就是因為 2016 年才要開始實施，所以房屋最佳的買進時機就是 2015 年！

　　我們把時光拉回到 2015 年的 12 月 25 日，聖誕節當天，某不動產業者舉辦了大型的客戶說明會，邀請某會計師演講房地合一稅。在這位會計師講完後，業務代表上臺大聲問聽眾：「你們看，房地合一稅明年開始實施，所以什麼時候是最佳買進時機？」旁邊一堆業務鼓譟大家回答：「現在就是最佳買進時機！」

　　假設你非常有錢，買下這一戶根本是九牛一毛，就像玩大富翁一樣，走到每一格都會想買下該格標示的土地及房屋，在不考慮房價未來漲跌等其他因素，你會當場簽約嗎？

　　首先，房地合一稅適用範圍有：個人或營利事業交易的房屋、土地。時間上包含：

1. 於 2016 年 1 月 1 日以後取得。

2. 於 2014 年 1 月 2 日以後取得的房屋、土地，而且持有期間在 2 年以內。

3. 交易預售屋及其坐落基地（2016 年元旦後〔含〕取得房地，且於 2021 年 7 月 1 日後出售）。

4. 交易未上市（櫃）、未興櫃股票或出資額時，交易額度若超過總股份或總出資額的一半，且該營利事業股權或出資額價值 50％ 以上是由國內房地構成（2016 年元旦後〔含〕取得房地，且於 2021 年 7 月 1 日後出售）。

根據上述時間取得的房屋、土地，應依照房地合一稅相關規定課徵所得稅[6]。其中，第 2 點是為了避免因奢侈稅不動產部分退場，使原本持有期間未滿 2 年者反而可少繳稅，所以加訂這一條。

基本上，個人計稅方式為房屋土地交易收入，減除房地買進成本及移轉費用，再減除當次交易依《土地稅法》規定計算的「土地漲價總數額」（即計算土地增值稅的基礎，詳見第四章第 3 節）後，乘上各段稅率，其計算公式如下：

> 土地漲價總數額＝申報土地移轉現值－原規定地價或前次移轉時所申報之土地移轉現值×（臺灣地區消費者物價總指數÷100）－（改良土地費用＋工程受益費＋土地重劃負擔總費用）
>
> 買賣取得之房地所得稅＝（房地售價－買進成本－費用－土地漲價總數額）× 稅率

6《所得稅法》第 4-4 條、第 14-4 條～14-8 條、第 24-5 條。

買進成本，包含以下項目：

1. 購入房地的價格及達可供使用狀態前支付之必要費用，例如：契稅、印花稅、代書費、規費、公證費、仲介費。

2. 取得房屋後，於使用期間支付能增加房屋價值或效能，且非2年內所能耗竭之增置、改良或修繕費。

3. 依《土地稅法施行細則》第51條規定，經主管稽徵機關核准減除改良土地已支付之費用，例如：改良土地費用、工程受益費、土地重劃負擔總費用、因土地使用變更而無償捐贈作為公共設施用地其捐贈土地之公告現值。

減除的費用，指的是房地取得、改良及移轉費用，依照納稅義務人提出的相關證明文件來認列減除，例如：仲介費、廣告費、清潔費、搬運費。

如果未提示證明文件，或提示的費用小於成交價的 3% 者，則以成交價的 3% 來認定費用，但是可以減除的上限為 30 萬元（註：若為 2021 年 7 月 1 日前出售房地者，費用為成交價的 5%，且無上限金額）。

政府為了防杜個人利用土地增值稅稅率與房地合一所得稅稅率之間的差異，以自行申報高於公告土地現值的土地移轉現值方式，來規避所得稅負，自 2021 年 7 月 1 日起，所減除的土地漲價總數額有上限規定，以交易當年度公告土地現值減除前次移轉現值所計算的土地漲價總數額為限，超過部分不得減除。但其屬超過部分土地漲價總數額計算繳納的土地增值稅，可以費用列支。

　　稅率的部分，房地合一稅制分境內外居住者繳納。境內居住者依房屋持有的期間，如果持有超過 10 年，稅率 15％；持有 10 年以內超過 5 年，稅率 20％；持有 5 年以內超過 2 年，稅率 35％，若持有 2 年以內就賣掉，稅率高達 45％。

　　如果你是非居住者，就只有兩種稅率，不動產持有期間 2 年以內的話，稅率 45％；持有期間超過 2 年則稅率 35％。這邊可以發現，房地合一稅對外國人（非居住者）非常不利，如果你持有一間不動產超過 10 年、30 年，甚至是 100 年，稅率仍然是扣繳 35％（見圖表 4-15），而且這樣乘下來的稅金將會非常驚人，是不是很不公平？

　　另外，若為**繼承**而取得的不動產，成本以繼承時價計算，其計算公式如下：

> 繼承取得之房地所得稅＝（房地售價－繼承時房屋評定現值與土地公告現值合計數－費用－土地漲價總數額）× 稅率

　　過去許多人透過贈與不動產後，再售出而取得現金，是因不動產贈與稅僅依土地公告現值及房屋評定現值的 10％ 至 20％ 課稅。但根據房地合一稅規定，若房地為**繼承**或受贈取得者，以繼承或受贈時的土地公告現值及房屋評定現值，按物價指數調整後的價值為原始取得成本，這將使受贈者的房地交易所得大幅增加。

　　因此，建議先多比較受贈人出售不動產的高額所得稅，也許贈與房地方式的總稅負（贈與稅＋受贈人之後出售房屋的所得稅）不見得比贈與現金方式所繳的贈與稅還低，應重新評估，做好節稅的布局（詳細案例可參考第三章第 2 及第 4 節）。

圖表 4-15　房地合一稅稅率

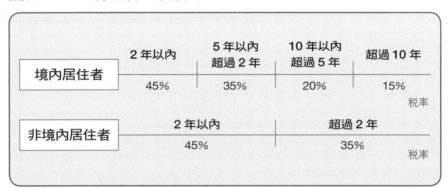

	2 年以內	5 年以內超過 2 年	10 年以內超過 5 年	超過 10 年
境內居住者	45%	35%	20%	15%

稅率

	2 年以內	超過 2 年
非境內居住者	45%	35%

稅率

房地合一稅怎麼節稅？

你看到這裡或許會好奇，實施房地合一稅後到底怎麼節稅？不用擔心，政府還有重購退稅及自用住宅優惠。

基本上，若符合**自用住宅**相關條件者，獲利金額可扣除 400 萬免稅額（即房地合併獲利 400 萬以下免稅）。而且出售獲利超過免稅額者，採單一稅率 10%。這麼一來，房地合一稅並不會加重你的稅負，就算有也能用重購退稅的優惠制度（重新再購買一間房子，可以退回之前所繳的所得稅）。

房地合一稅自用住宅適用條件：

1. 個人或其配偶、未成年子女辦竣戶籍登記。

2. 持有並居住於該房屋連續滿 6 年。

3. 交易前 6 年內，無出租、供營業或執行業務使用。

4. 個人與其配偶及未成年子女於交易前 6 年內，未曾適用本項優惠規定。

自用住宅房地所得稅的計算公式如下：

自用住宅房地所得稅＝（〔房地售價－買進成本－費用－土地漲價總數額〕－ 400 萬）× 10%

舉例來說，小資女沈杏仁在 2016 年 1 月 1 日，以 1,000 萬買進了距離公司騎車半小時內即可到達的房子，作為自用住宅使用，並在 2026 年 1 月 2 日以 2,000 萬出售。

因為沈杏仁持有該房產期間，符合房地合一稅制對自用住宅的各項要件，所以假設她的售屋獲利 1,000 萬，減除 80 萬仲介費等相關費用、土地漲價總數額 160 萬、400 萬免稅額後，相當於淨額 400萬再按 10% 的優惠稅率，得繳納 40 萬的售屋所得稅，其計算如下：

自用住宅房地所得稅＝（1,000 萬－ 80 萬－ 160 萬－ 400 萬）×10% ＝ 40 萬

另外，自用住宅重購退稅的租稅減免仍然適用，退稅原則與之前類似，即無論是先買後賣，或是先賣後買，只要買屋及賣屋之時間（以完成移轉登記之日為準）差距在 2 年以內，而且符合所得稅法有關自住房屋、土地的規定，即可申請重購退稅，按重購價額占出售價額的比例，退還其依規定繳納的稅額。

先買後售者，可於出售房地時之應納稅額內扣抵；先售後買者，則可於重購房地完成移轉登記之次日起 5 年內，申請自繳納稅額內退還。

　　重購退稅之退還金額分為：小屋換大屋（即重購的房屋價格高於出售價），全額退稅；大屋換小屋，比例退稅。換小屋的比例退稅額計算公式如下：

> 換小屋的比例退稅額＝房地合一稅 ×（新屋購入價格 ÷ 舊屋出售價格）

　　舉例來說，秦子奇於 2017 年購入 A 屋，售價 1,000 萬（假設以下房屋皆符合自住房屋、土地規定），在 2027 年出售 A 屋，售價 2,000 萬，獲利 1,000 萬，土地漲價總數額 0，減掉免稅額 400 萬，再乘以稅率 10%，他得繳納房地合一稅 60 萬，其計算如下：

> 自用住宅房地所得稅＝（1,000 萬 － 400 萬）×10%＝ 60 萬

　　秦子奇後來又於 2028 年購入 B 屋 3,000 萬（價值高於 A 屋），那他可以申請重購自用住宅退稅 60 萬。但如果 B 屋的價格為 1,500 萬（價值小於 A 屋），那麼他可以申請重購自用住宅退稅為 45 萬，其計算如下：

> 換小屋的比例退稅額＝ 60 萬 ×（1,500 萬 ÷2,000 萬）＝ 45 萬

　　注意，若重購後 5 年內改作其他用途或再行移轉，將被國稅局追繳原扣抵或退還之稅額。

　　比較一下各國的不動產交易所得稅率，從下頁圖表 4-16 中不難

看出，為什麼臺灣會訂稅率在 10%～ 45%（自用住宅 10%，一般稅率 15%～ 45%）。

在過去出售不動產，房屋獲利部分應併入綜合所得總額課稅。然而，實施房地合一稅後，個人出售房地所得改採「分離課稅」，不再併入個人綜合所得稅（不在次年 5 月申報），由賣方「辦完移轉登記」（過戶日）次日起 30 天內，檢附申報書、買賣契約書影本、繳稅收據、費用單據及其他有關文件，向國稅局申報繳納房地合一的利得稅（注意，出售房地不論盈虧、不論有無應納稅額，皆須向國稅局申報）。

還記得我一開頭介紹不動產業者在 2015 年聖誕節，請會計師演講房地合一稅新制的故事嗎？只要在 2016 年前買房子，而且持有 2年以上，該房地出售所得即能適用舊制。再思考一下，如果是你會當場簽約嗎？

圖表 4-16　各國房產利得稅一稅率

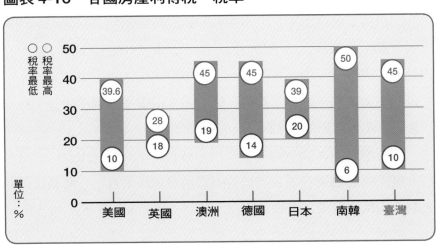

　　俗話說「魔鬼就藏在細節裡」，房地合一稅的課稅方式有一個重點，就是辦完移轉登記（過戶日）次日起，30 天內要申報繳稅。那麼問題來了，你知道中華民國政府過戶的作業時程嗎？平均要 21 ～ 42 天！所以如果你在 2015 年 12 月 25 日簽約，實際上過戶完成日，應該會落在 2016 年，一定得適用新制。

　　正確來說，應考慮買賣簽約與過戶的冗長時程，只要在 2016 年 1 月 1 日前完成過戶，而且持有 2 年以上，該房地出售所得即能適用舊制。

　　回顧我自己在 2015 年的演講行程，由於我擔心消費者會被誤導而做了錯誤的決策，所以當時就算不動產業者給我再高的演講費酬勞，我也一概婉拒。

● 節稅小辭典

離婚時房子都給你，我只要 1/3 的錢，誰比較有利？

　　針對房地合一稅，我再舉一個例子：

　　賴女士想跟丈夫離婚，她在思考贍養費時很傷腦筋，因為她的丈夫存款不多，房子卻很多。後來兩人提出的離婚條件，是想將丈夫名下的房子都過戶給妻子，但妻子拿到房子後，必須在 1 年內給先生 3,000 萬元。

　　考慮到這幾間不動產市值約 1 億元，賴女士心想，只要丈夫過戶給自己後，先賣掉一、兩間房子，就會有三千多萬元，剩下的房子還價值七千多萬元，這條件看起來還不錯。後來，

（續下頁）

賴女士想想不太對勁，自己怎麼沒有先考慮到房地合一稅的問題呢？

由於丈夫名下的房子，早在 2016 年房地合一稅上路之前就取得了，故採舊制來課房屋交易所得稅，不適用高額的房地合一稅。

如果兩人還沒離婚前，丈夫便將房子過戶給妻子，就沒有稅的問題；但妻子立刻賣，就會面臨到房地合一稅的問題，而且要是 2 年內就賣掉的話，非自用住宅，獲利要繳 45% 重稅，取得成本也會以金額非常低的公告現值來當成本計算。

房地合一稅是用實際的房地交易金額減掉取得成本，來計算所得，若妻子取得成本很低，一旦出售，就得面臨驚人的房地合一稅，估算可能要一、兩千萬。這樣的話，即使賣掉房子，恐怕也沒辦法給丈夫 3,000 萬元，這樣不就無法履行離婚協議了嗎？

如果當初先把賴女士預定要出售的房子，請丈夫先不要過戶到妻子名下，然後夫妻去簽一紙信託合約，把丈夫的房子暫時信託登記到妻子名下，並且於合約載明，妻子在 1 年內有權出售其房屋，若賣掉之後再給丈夫 3,000 萬元現金。

由於房屋並沒有真正的過戶，妻子的轉售房屋就不會有房地合一稅的問題，而且丈夫的房子也不適用房地合一稅，兩人都可以省去巨額的稅金。

虧損扣抵：3 年

個人出售房地產發生虧損時，該虧損得以從以後 3 年度之房地交易所得扣除。

注意，由於土地漲價總數額不是房地成本費用，在計算出售房地產是否虧損的公式，並不能扣除土地漲價總數額。

另外，不管是房地合一稅新制還是舊制，如果出售房產有損失，都可以享有 3 年的抵稅權。但要記得，分別按新、舊稅制計稅的房地交易所得與損失不能互抵，抵扣範圍僅限於相同稅制的交易損失。為什麼？

因為新舊制適用的課稅方式不同，現行的舊制是將房屋和土地分開課稅（所得稅、土地增值稅），但房地合一稅新制，維持原有的土地增值稅，房屋、土地的利得必須合併課徵所得稅，依照土地稅法計算的土地漲價總數額，則可從房地收入中扣除。

舉例來說，林小姐在 2015 年 12 月出售持有滿 5 年的甲房地，售屋損失為 50 萬。因為出售時間是在 2015 年，所以適用舊制。在 2016 年房地合一稅新制上路後，林小姐出售了另一筆持有 1 年的乙房地，獲利 100 萬。由於兩筆房地適用的稅制不同，因此，出售甲房地損失的 50 萬不能列為出售乙房地交易所得 100 萬的扣除額。

但是，如果例子改成林小姐在 2018 年出售於 2016 年房地合一稅新制後所買的甲房地，售屋損失為 50 萬。2019 年出售了另一筆持有 1 年的乙房地，獲利 100 萬，那麼這 100 萬可以扣除甲房地的虧損 50 萬，以剩下的 50 萬計入房地所得課稅。

防錯殺條款

　　房地合一稅採實價課稅的目的，是為了打擊短期炒房客，但為了避免錯殺無辜百姓，政府有訂定防錯殺機制，將原本持有房地5年內就出售的情況要課35%以上，改成只課較低的稅率，包括5年內非自願性買賣、合建房屋、都市更新及危老重建、繼承或受遺贈取得房屋的情況，詳細規定如下：

1. 非自願買賣。

　　因調職、非自願離職或其他非自願性因素，因為不算短期投機，所以出售持有5年以內的房地，稅率改扣20%。

　　例如陳姓竹科工程師於2018年在新竹買了一間非自用住宅的房子，但2019年公司要他到南港軟體園區工作，因此他被迫賣掉竹科的房子，而原本適用房地合一稅稅率2年內要課45%，由於屬於調職非自願因素，所以用20%來課稅即可。

2. 合建。

　　個人以自有土地與建商合建分售或合建分屋，自土地取得日起算5年內完成銷售該房屋、土地者，稅率20%。

　　用自己的土地與建商合建房屋，若建商蓋房子很快，在5年內完成並銷售該房屋，那麼原本持有土地不到5年就移轉，要課35%以上的稅率，但政府認為這會增加房屋供給，不算短期炒作，可降低稅率用20%來課稅。

3. 都市更新及危老重建。

個人提供土地、合法建築物、他項權利或資金參與都市更新及危老重建者，其取得房地後第一次移轉且持有期間在 5 年內之交易，稅率 20％。

政府為了更新市容，鼓勵民眾將老舊房子作都更或危老重建，都更後會取得新登記的房地，若 5 年內第一次出售，原本要課 35％以上的稅率，予以較低稅率 20％來課徵。

4. 繼承。

繼承或受遺贈取得者，可把被繼承人（或遺贈人）持有期間合併計入房地合一稅所規定的持有期間。

舉例來說，王先生在 2020 年賣掉於 2019 年從父親那繼承來的房子，因為他持有期間不到 2 年，應適用 45％ 的稅率，然而，因為該棟房子是父親在 20 年前買的，所以把被繼承人持有期間合併計算為 21 年，適用稅率降到 15％。

最後綜合上述說明，我們可以整理出 4 種免徵房地合一所得稅的情況：

1. 實施日期前買賣、實施日期前買並超過 2 年後出售。
2. 出售房地虧損。
3. 出售房地獲利小於土地漲價總數額。
4. 出售自用住宅獲利減掉土地漲價總數額後，小於 400 萬。

　　另外，農業用地、被徵收或被徵收前協議價購之土地及公共設施保留地之交易所得，免納所得稅，也免申報房地所得稅（符合《農業發展條例》第 37 條及第 38 條之 1 規定，得申請不課徵土地增值稅之土地）。而且依《農業發展條例》申請興建之農舍免納所得稅，也免申報房地所得稅。

　　回到臺北市大安區不動產買賣案件（見 272 頁圖表 4-9），我們來看房地合一稅實施後，稅負到底增加多少？

　　房地所得稅計算方式，是直接以房屋加土地的價差 1.72 億（出售成交價 3.3 億－買進時的成本成交價 1.58 億），減除仲介費等費用 1,000 萬，再扣掉土地漲價總數額 4,450 萬（賣掉年度的土地公告現值 6,400 萬－買進年度的土地公告現值 1,950 萬），得出財產交易所得額 1.175 億。

　　稅率的部分，依房屋持有期間長短，如果超過 10 年，1.175 億乘以 15％，可以得出房地合一稅 1,763 萬；持有 10 年以內超過 5 年，乘以稅率 20％，稅金 2,350 萬；持有 5 年以內超過 2 年，乘以稅率 35％，稅金 4,113 萬；若 2 年以內就賣掉，稅率高達 45％，房地合一稅將高達 5,288 萬（見圖表 4-17）。

　　比之前用財政部頒布的所得額標準，依持有期間長短分別多繳了 1,468 萬、2,056 萬、3,818 萬、4,993 萬元的稅金，相當於多送國稅局一棟房子。

　　以上 15％ 至 45％ 的稅率，是給居住者適用。如果你是非居住者，就只有兩種稅率，其中一種是不動產持有期間 2 年以內的話，要乘以稅率 45％，得繳房地合一稅 5,288 萬；另一種則是持有期間超過 2 年，得乘以稅率 35％，稅金約 4,113 萬（見圖表 4-18）。

圖表 4-17　實施房地合一稅後，豪宅居住者要繳多少稅金？

	超過 10 年	10 年以內 超過 5 年	5 年以內 超過 2 年	2 年以內
房地買賣價差	1.72 億	1.72 億	1.72 億	1.72 億
一仲介等費	1,000 萬	1,000 萬	1,000 萬	1,000 萬
一土地漲價總額	4,450 萬	4,450 萬	4,450 萬	4,450 萬
財產交易所得	1.175 億	1.175 億	1.175 億	1.175 億
× 稅率	15%	20%	35%	45%
房地合一稅	1,763 萬	2,350 萬	4,113 萬	5,288 萬

圖表 4-18　實施房地合一稅後，非居住者要繳多少稅金？

	超過 2 年	2 年以內
房地買賣價差	1.72 億	1.72 億
一仲介等費	1,000 萬	1,000 萬
一土地漲價總額	4,450 萬	4,450 萬
財產交易所得	1.175 億	1.175 億
× 稅率	35%	45%
房地合一稅	4,113 萬	5,288 萬

房地合一稅以及不動產實價登錄，影響有多大？

最後總結房地合一稅以及不動產實價登錄，到底對我們的影響

有多大？比以往的舊制多繳多少稅金？

我整理了圖表4-19，以過去2012年8月前，出售房屋大部分的人都會用部頒標準，繳交財產交易所得稅294萬元當作基礎，到了2012年8月以後至2015年的期間，國稅局以實價登錄為本，若查到你賣出房屋的實價登錄價格時，約要繳稅金396萬，與部頒標準294萬相比，稅金增加了35%。

若國稅局以實價登錄為本，不僅查到你賣出房屋的實價登錄價格，也查到你當初的買價時，約要繳到1,208萬元的稅金，與部頒標準294萬相比，稅金增加了3倍之多，光這樣就恐怖了吧（見圖表4-19）！

後來到了2016年開始實施房地合一稅時，連同土地及房屋皆以實際成交價的買賣獲利金額來計算，若持有房屋超過10年才賣掉，稅金約要繳到1,763萬元，與部頒標準294萬相比，增加了5倍；

圖表4-19　房地合一稅以及不動產實價登錄之稅負增加倍數

居住者		所得稅	增加倍數	適用年度
部頒標準		294萬		2012年8月前
實價登錄	僅查得賣價	396萬	35%	2012年8月至2015年
	查得買賣價	1,208萬	3	
房地合一	超過10年	1,763萬	5	2016年開始
	10年以內超過5年	2,350萬	7	
	5年以內超過2年	4,113萬	13	
	2年以內	5,288萬	17	

持有 10 年以內超過 5 年，得繳 2,350 萬，與部頒標準 294 萬相比，稅金增加 7 倍；持有 5 年以內超過 2 年，繳稅 4,113 萬，與部頒標準 294 萬相比，稅金增加 13 倍；持有 2 年以內就賣掉，繳稅 5,288 萬，與部頒標準 294 萬相比，稅金增加 17 倍！

從上面房地合一稅制的稅負增加倍數看來，似乎很恐怖，但如果你是房地產短期投資人，相對於奢侈稅（特種貨物及勞務稅），出售 2 年以下的房地產，不論盈虧皆要依成交金額的 10 ％ 或 15 ％ 課稅，房地合一稅只有獲利才須繳稅，可能反而較有利。所以，應做好比較試算才能知孰高孰低。

舉例來說，陳先生 2019 年買了一棟 1,000 萬的房子，隔年 2020 年急需用錢，只好以原本的買價 1,000 萬賣掉這間房子，依照房地合一稅，這房子賣掉沒有獲利，自然不用繳所得稅。

然而，在 2012 年（房地合一稅實施前，奢侈稅還未退場）就買的房子，同樣隔年就賣掉，那麼該筆房屋應以賣出的成交價 1,000 萬乘上 15 ％ 的稅率，課奢侈稅（即特種貨物及勞務稅）150 萬。像這個例子，就是房地合一稅只有獲利才須繳稅，反而較有利。

無論如何，切勿只為了省稅，仍應綜合考量市場房價漲跌趨勢。原本沒有近期買房的規劃卻提前購屋，說不定一買隔年卻房價下跌，反而得不償失。

另外，各地方政府透過快速調高土地公告現值，逐漸趨近市價，以達到實價課稅之目標，未來不動產持有稅（房屋稅及地價稅）勢必節節升高。建議各位應回歸本質，做好專業之全方位理財試算、節稅的布局及資產配置，才不致顧此失彼、掛一漏萬。

● 節稅小辭典

繼承有房貸的房子轉售後反而倒賠？

　　王媽媽買了一間總價 1,000 萬元的房子，貸款 750 萬元，王先生繼承 3 年後，想以原價 1,000 萬賣掉，結果稅的問題讓王先生嚇了一大跳！房地合一稅計算如下：

售價 1,000 萬－王媽媽死亡時之時價 250 萬＝獲利 750 萬

房地合一稅＝ 750 萬元 × 稅率 35%＝ 262.5 萬

　　王先生以 1,000 萬元賣掉房子，還給銀行 750 萬元，手上只剩 250 萬元，根本不夠繳稅。等於他賣房子，不但拿不到分文，還得倒賠 12.5 萬元。

　　這問題過去幾年一直被提起，市場形容這是「房地合一稅的 Bug」，要是法令不改，問題不能解決。

　　因此，財政部於 2020 年 7 月發布最新解釋函令：

　　「個人繼承取得房屋、土地時，併同繼承被繼承人所遺以該房屋、土地為擔保，向金融機構抵押貸款之未償債務餘額者，應整體衡量其繼承取得房屋、土地之經濟實質，該債務餘額超過繼承時房屋評定現值及公告土地現值部分，核屬其因繼承取得該房屋、土地所生之額外負擔。

　　「嗣個人交易該房屋、土地，依《所得稅法》第 14 條第 1 項第 7 類第 2 款規定計算房屋之財產交易所得，或依同法第 14

（續下頁）

條之 4 第 1 項規定計算房屋、土地交易所得時，該債務餘額超過繼承時房屋評定現值及公告土地現值合計數，且確由該個人實際負擔償還部分，得自房屋及土地交易所得中減除。」

簡單來說，就是**出售繼承的房屋時，如果有債務，可以在計算房地合一稅時扣除**。

依照剛剛王先生的案例，計算房地合一稅的所得額時，可以再多扣 500 萬元（獲利 250 萬）。計算如下：

> 繼承取得房地之額外負擔＝實際負擔貸款餘額 750 萬－繼承時房地現值 250 萬＝ 500 萬

新的法令修改後，王先生就不會有賣繼承來的房子還要倒賠的問題了。不過有幾個條件限制須注意：

1. 房地和抵押債務必須由同一繼承人繼承才適用。
2. 被繼承人向金融機構的抵押貸款餘額才可適用，換言之，如果是向民間二胎（按：將不動產抵押設定第二順位給民間金主後取得資金，而第一順位通常是銀行端）借的就不適用。
3. 繼承時，債務餘額大於公告土地現值及房屋評定現值合計額才適用。債務餘額如果小於房屋、土地的現值，就不適用。
4. 售後，貸款餘額須由被繼承人償還。如果沒有償還，也不適用。

（續下頁）

房地合一稅 2021 年最新修法——
短期交易套利者課以高稅率

為了抑制短期炒房，行政院會於 2021 年 3 月通過「房地合一」所得稅法修正草案，立法院並已於 2021 年 4 月 9 日三讀通過，新法規定在 2021 年 7 月 1 日上路。

換言之，在 2016 年元旦後（含）取得房地、在 2021 年 7 月 1 日（後）交易，適用房地合一稅 2.0；若在 6 月 30 日（前）交易，則適用房地合一稅 1.0。

此次修正，主要是延長個人短期房地交易所得適用高稅率之持有期間，以及營利事業依持有期間，按與個人相同之差別稅率分開計稅，整理表格如下所示：

1. 延長個人短期房地交易所得適用高稅率之持有期間。

適用對象	持有期間 適用稅率	2021 年 7 月 1 日 前出售房地	2021 年 7 月 1 日後 出售房地
境內個人	45%	1 年以內	2 年以內
	35%	超過 1 年未逾 2 年	超過 2 年未逾 5 年
	20%	超過 2 年未逾 10 年	超過 5 年未逾 10 年
	15%	超過 10 年	無修改，仍訂超過 10 年
非境內個人	45%	1 年以內	2 年以內
	35%	超過 1 年	超過 2 年

（續下頁）

2. 營利事業依持有期間，按與個人相同差別稅率分開計稅。

適用對象	持有期間適用稅率	2021 年 7 月 1 日前出售房地	2021 年 7 月 1 日後出售房地
境內營利事業	45%	未區分持有期間	2 年以內
	35%		超過 2 年未逾 5 年
	20%		超過 5 年
境外營利事業	45%	1 年以內	2 年以內
	35%	超過 1 年	超過 2 年

天地萬物，朕賜給你才是你的；朕不給，你不能搶——〈家族爭產與遺產稅案例大解析〉

　　收看電視劇時，劇中常出現各種灑狗血的家族紛爭，令人不免會想：「哪有這麼誇張？」特別是爭遺產的劇情，小三、私生子紛紛現身，連平常根本像人間蒸發的親戚也露臉了，讓觀眾不禁邊看邊罵。

　　但，這不是戲劇，而是你我可能都會遇到的真實人生。我執業的這幾年，就遇過許多客戶因為遺產問題找我諮詢。

案例 1

爸爸生前說好要把房子留給我，怎知卻忘了先立遺囑！

　　一位朋友在幾個月前，突然很認真的來我辦公室聊聊。他說他現在與父親同住，雖然有好幾個兄弟姊妹，但父親都是他在照顧。後來父親希望能把目前同住的這間房子，在生前就贈與給他，所以他才特地向我諮詢有關贈與稅的問題。

　　我跟他要了一些不動產基本資料、土地所有權狀、最近一期房屋稅單，再上網自行調閱土地電子謄本，計算一下最新的土地公告現值與房屋評定現值，合計數約五百多萬，扣掉贈與稅免稅額 220 萬後贈與淨額近 300 萬，乘上稅率 10％，贈與稅約 30 萬元。此外，過戶這間房子還須繳納土地增值稅約十多萬元。

　　過了幾個月，有天我突然接到這位朋友的電話，跟我說他父親過世了，留下二筆土地、一間房屋、一些股票及存款，要我幫他算一下遺產稅。我請他先去向國稅局調遺產稅財產參考清單，再打電話給我。我依照財產參考清單計算過後，確認遺產價值不到 1,000

萬元，小於免稅額 1,200 萬，並沒有遺產稅的問題，朋友聽後安心的掛了電話。

過了一個月，他又打電話來了，很緊張的告訴我，其他兄弟姊妹要來爭他現在住的房子，也就是之前找我計算贈與稅的那間房子。我問他：「父親生前沒有贈與過戶給你嗎？」他才回說，當時，這樣的稅金數目讓他與父親猶豫了，所以沒有辦理移轉登記。

我再問：「父親有沒有留下遺囑？」他回答沒有。難怪其他的兄弟姊妹想主張以所有繼承人平均分配的方式，來爭這間房子。

後來，兄弟姊妹之間一直談不攏，就上法院提告，我朋友即使主張父親生前都是他在照顧，也有 LINE 的紀錄說要把房子贈與給他，但在法律的證據攻防上，沒有正式的遺囑，自然難以得償所望。

類似這樣的案例，在我執業生涯中層出不窮。提醒大家，「凡事豫則立，不豫則廢」，意指凡事預先計劃好，便會成功。而這裡的豫，本意是預先準備、籌劃，如果心中原本有些遺產分配想法，那就不要猶豫。若生前不贈與又想在身後將這間房子留給指定的小孩，記得一定要先寫好遺囑，以免留下後患及悔恨。

案例 2 ▶
我爸爸和你媽媽結婚了，家族遺產該如何分配？

許父和太太育有 1 子 1 女（許大哥及許小妹），而許父早年自行創業時，有一個得力助手林女，擔任其業務行政助理。林女是許父在之前待的跨國大公司結識的客戶聯絡窗口。她在與許父結識前，曾經結過婚並已離婚，與前夫育有 1 子（劉弟弟），而現在劉弟弟

由林女扶養。

當許父自行創業，林女離開原公司幫他一起打拚新事業，即使剛開始沒有薪水，也很努力協助他，並因工作需求，陪同許父在世界各地洽談業務及交際，之後兩人日久生情，育有 1 子（即同父異母的許弟弟）。隨著婚外情被太太發現，許父遂和太太離婚。目前兩家的樹狀圖如圖表 5-1。

許父事業成功，公司獲利頗豐，公司名下累積的房產遍及各地，公司的持股有 60％ 在許父名下，其餘 40％ 在林女名下。目前公司的事務大部分由許父的大兒子許大哥負責掌管，為公司總經理，許弟弟也在公司擔任高階主管。

許父與太太離婚後多年，後者在前些年因病去世，許父考慮到自己與林女最近準備結婚登記，希望林女收養許大哥及許小妹，便詢問許大哥和許小妹，是否同意被收養。

許大哥深感公司股權架構複雜，於是來找我諮詢。許大哥說，父親即將退休，要交棒給他，希望由他主導公司未來的經營，但目前的隱憂，是他與同父異母的許弟弟在許多經營理念上不合，曾爆

圖表 5-1　許家樹狀圖

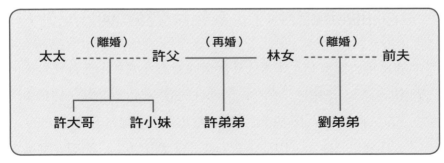

發多次口角，他擔心未來父親一旦走了，公司的股權會大變動，進而影響公司的經營。

他不清楚父親是否擬好遺囑分配，但他想先了解，如果在沒有遺囑分配的情況下，到底誰可以繼承父親的遺產？繼承股份後，對他的影響如何？他能怎麼應對？此外，對於父親提出讓林女收養兩兄妹的事，他實在也不知該如何決定。

我們先分析許父的繼承人範圍。有法定的配偶為當然繼承人外，許大哥和許小妹都屬許父和前妻的婚生子女，符合《民法》第 1061 條「**稱婚生子女者，謂由婚姻關係受胎而生之子女**」，具繼承權；許弟弟本為非婚生子女，然因如果生父與生母結婚，依《民法》第 1064 條視為婚生子女，即使許父和林女若沒有結婚，亦可依《民法》第 1065 條第 1 項經生父認領，**視為婚生子女而取得繼承權**。劉弟弟則為許父之繼子（姻親），若沒有被收養，則無繼承權。

另一方面，林女的繼承人範圍，亦是法定的配偶為當然繼承人外，與許父所生之子許弟弟，無論是依《民法》第 1064 條或 1065 條皆視為婚生子女，具繼承權。而林女前一段婚姻所生之劉弟弟，本為其自身的婚生子女，亦具繼承權。

如今許父欲再婚時，若林女收養其子女許大哥及許小妹，他們是否也可以繼承林女的遺產？就《民法》第 1077 條規定：「養子女與養父母及其親屬間之關係，除法律另有規定外，與婚生子女同。」**經合法收養的養子女可以繼承養父母的遺產**，即許大哥和許小妹可以繼承養母林女的遺產。所謂的合法收養是指依《民法》第 1079 條規定，以書面為之，並向法院聲請認可。

另外說明，許大哥和許小妹如被收養，依《民法》規定亦不影

響其對許父遺產的繼承權（《民法》第 1074 條及第 1077 條）。

以這個故事來說，如果許父和林女結婚，許大哥及許小妹皆未被林女收養，以及被林女收養後，待未來許父及林女皆過世，兩人名下的公司持股（許父有 60%，林女有 40%），經繼承後的股權變化狀況如下所示。其中繼承後股份，指的是第一次繼承後股份加上自身原有股份；總持有股份則是兩次繼承後股份的加總。

A. 假設許父先過世，林女再過世：

（1） 在許大哥及許小妹未被林女收養的情形下，許大哥最終會擁有公司 15% 股權，而許弟弟的股權高達 42.5%。

股份	許父遺產			林女遺產		
項目	應繼分	本次股份繼承	繼承後股份	應繼分	本次股份繼承	總持有股份
配偶	1／4	15	55	0	0	0
許大哥	1／4	15	15		0	15
許小妹	1／4	15	15		0	15
許弟弟	1／4	15	15	1／2	27.5	42.5
劉弟弟		0	0	1／2	27.5	27.5
合計		60	100		55	100

（2） 在許大哥及許小妹有被林女收養的情形下，許大哥最終會擁有 28.75% 股權，與許弟弟相同。

股份	許父遺產			林女遺產		
項目	應繼分	本次股份繼承	繼承後股份	應繼分	本次股份繼承	總持有股份
配偶	1／4	15	55		0	0
許大哥	1／4	15	15	1／4	13.75	28.75
許小妹	1／4	15	15	1／4	13.75	28.75
許弟弟	1／4	15	15	1／4	13.75	28.75
劉弟弟	0	0	0	1／4	13.75	13.75
合計		60	100		55	100

B. 假設林女先過世，許父再過世：

（1）在未收養的情形下，許大哥最終會擁有 24.44％ 股權，而許弟弟擁有 37.77％。

股份	林女遺產			許父遺產		
項目	應繼分	本次股份繼承	繼承後股份	應繼分	本次股份繼承	總持有股份
配偶	1／3	13.33	73.33		0	0
許大哥		0	0	1／3	24.44	24.44
許小妹		0	0	1／3	24.44	24.44
許弟弟	1／3	13.33	13.33	1／3	24.44	37.77
劉弟弟	1／3	13.33	13.33		0	13.33
合計		40	100		73.33	100

※小數採四捨五入，故相加後不完全等於合計欄數字。

（2） 在有收養的情形下，許大哥最終會擁有 30.67% 股權，與
　　　許弟弟同。

股份	林女遺產			許父遺產		
項目	應繼分	本次股份繼承	繼承後股份	應繼分	本次股份繼承	總持有股份
配偶	1／5	8	68		0	0
許大哥	1／5	8	8	1／3	22.67	30.67
許小妹	1／5	8	8	1／3	22.67	30.67
許弟弟	1／5	8	8	1／3	22.67	30.67
劉弟弟	1／5	8	8		0	8
合計		40	100		68	100

※小數採四捨五入，故相加後不完全等於合計欄數字。

　　以最終所繼承的股份而言，許大哥在被收養的情況下，有機會
分配到較多股份，主要原因為林女持有公司股份 40%，許大哥如被
收養，才能有繼承其遺產的機會。不過這樣的分析是以法定的狀況
來計算，惟遺產的分配仍以被繼承人的生前意志為主。

　　遺產的繼承權人依《民法》第 1138 條規定，有當然繼承權人及
順位繼承權人之分；當然繼承權人是指基於合法有效婚姻關係之配
偶，順位繼承人為血親。在本件個案情況，主要為直系血親卑親屬
繼承人的資格判斷，到底哪些子女是有繼承權的？

　　答案是，婚生子女、非婚生子女經準正（按：指非婚生子女，
其生父與生母結婚者，視為婚生子女）或認領者、合法收養之養子
女都有繼承權，而非婚生子女對其生母之遺產，一樣有繼承權。注

意，非婚生子女若生父未認領或撫育，則無繼承權；反觀非婚生子女與生母的關係，視為婚生子女，無須認領。

綜合以上，林女若是收養許大哥及許小妹，許大哥及許小妹就得以繼承養母之遺產。然而，繼子女劉弟弟，並沒有被許父收養，所以在法律上只是姻親，非法定繼承權人，無法繼承許父的遺產。

案例 3 ▶

財產借名登記，小心要不回來

柯媽媽家裡經營物流交通生意，基於生意需要，同一家公司不能跟與客戶競爭的公司做生意往來，所以開了好幾家公司，而且負責人不能是同一家人。這就是所謂的借名登記，或俗稱人頭。

有一天，其中一家借名登記公司的郭姓負責人突然發生車禍病危，郭先生的家屬為了遺產稅問題，跑去調閱資料，這才發現，公司的淨值高達 2,000 萬，超過遺產稅免稅額 1,200 萬，有可能要多繳 200 萬的稅金，便急著想把公司的股份移轉回去給柯家。問題來了，是要用買賣還是贈與？他們趕緊透過朋友找我諮詢。

起初他們不想再準備金流，所以想用贈與的方式來處理。不過公司股權淨值 2,000 萬，一算贈與稅竟高達 178 萬元（〔2,000 萬－免稅額 220 萬〕×10%），他們聽了嚇一跳，改說如果不用贈與、用買賣的呢？

改用買賣方式的話，一來是要準備金流，二來由於公司是有限公司，賣掉股份的價差獲利要併入個人綜合所得的財產交易所得，有可能要繳到獲利金額最高 40% 的所得稅，但郭先生實際上根本沒

獲利，就只是借名登記而已。那如果用原始股價每股 10 元做買賣回去，即人頭郭先生將股份賣回給柯媽媽的家人呢？一來仍要準備金流，二來是若一般商業合理行情通常會以公司每股淨值來當作買賣的參考，**若買賣的每股金額差異太大**，國稅局是有機會用與市場行情的價差當作贈與金額，來核課贈與稅的。另外，在重病期間，通常也不建議做財產變動，容易被國稅局追查。

這讓我想到另一個類似案例：

在幾十年前那個高遺產稅率（40%、50%）的時代，許多人為了節省 50% 遺產稅，把部分不動產及公司股權分散登記在親友名下，後來等到小孩長大了，現在都超後悔的。借登記在別人名下的財產，除了可能有人頭繼承人要多繳遺產稅的問題，更嚴重的是未來會有財產要不回來的風險。

案例 4 ▶

從不回家的小叔，要分遺產時便出現了

賴爺爺在南部有很多繼承自上一代的農地，原本價值不高，後來政府為交通建設將土地重劃、變更地目與徵收，讓賴爺爺突然變成賴員外。家族彷彿接到天上掉下來的禮物，讓賴家小孩與孫子女的夢想都一一實現，蓋樓房的蓋樓房、投資工廠的蓋工廠、環遊世界的四處遊樂、買股票的買一大堆、還有的買車買厝買勞力士……每個小孩或孫子女，通通只要你喜歡，賴爺爺都買給你。

某天，賴爺爺的家人向我諮詢有關稅務及傳承的問題，當我受邀到家中作客開會，這才發現賴爺爺到現在仍然住在幾十年的老三

合院——正確來說只有一邊而已，另外 L 型那邊是親戚的家。至於小孩們早就各自搬到漂亮的別墅，甚至有些在國外也有房子。

賴爺爺到現在每天都還在種田，生活儉居，比較誇張的是家裡還沒有熱水器，洗澡要去燒柴火才有熱水。有次我看不下去，念了賴爺爺的家人一下，後來家裡才有熱水器、冷氣機等設備。

隨著賴爺爺的錢逐年被花掉，存款越來越少，過年圍爐的親人也跟著一年比一年少，最後只剩下外傭。

有鑑於賴爺爺已八十好幾，家人開始討論未來繼承的事宜。其中，大嫂提及兩個小叔從不回家，只有在商討要分錢的時候才會出現，這讓賴爺爺很生氣，曾經有一次要他們放棄繼承，但是可想而知，沒人願意答應放棄繼承權。

賴爺爺私下問我該怎麼辦？我回他：「您有沒有辦法做到像電影《滿城盡帶黃金甲》裡面的一句經典臺詞：『天地萬物，朕賜給你才是你的；朕不給，你不能搶！』還有陸劇《天盛長歌》中皇帝曾說的：『朕給予你的隨時可以收回，只要朕還在此位。』這樣？」

如果過去已經贈與給小孩的財產，**再無償要回來，又是一次贈與行為**。而且贈與也是自由意志，想要將財產收回來，並非那麼容易，只能就尚未給出去的財產，來做制度化的設計，如借貸、買賣、信託等。

另外，我建議賴爺爺從現在開始，養成定期寫遺囑的好習慣，並且要有意無意的**讓小孩知道自己偶爾會修改遺囑**。哪位小孩最近對你不好，自己也不用特別生氣，只要在遺囑紀錄上給他減少 10% 的遺產分配比例即可，是個療癒又能讓小孩警惕的有效方法。

案例 5

醫生！拜託讓我爸爸再多活 1 年吧！
（為了節遺產稅）

回想 2020 年中的幾則新聞，實在讓聽到的人心酸不已：

有一位超過 90 歲的阿嬤，意識清醒的主張，拒絕插鼻胃管，身旁的家屬卻因希望阿嬤撐到孫子的婚禮，而逼著醫師插上，完全違反末期病患的意願，讓醫師相當感嘆。不少網友對此表示，在傳統習俗上，不搶救好像就是不孝，無奈生活文化習俗有時是壓垮善終的最後一根稻草，令人相當兩難。

但有時，選擇搶救的出發點，不見得都是因為傳統習俗。讓我們看看另一則新聞：

有一位 90 歲癌末老翁被送進加護病房插管治療，已無意識，病狀離多重器官衰竭病狀也已不遠，但家屬懇求醫生搶救：「拜託再多活 1 年」，只是為了可以避千萬的遺產稅。

為什麼九旬老翁再多活一段時日，就可以節省遺產稅呢？

《遺產及贈與稅法》第 15 條「視為遺產」之規定，若被繼承人死亡前 2 年內有贈與行為，尤其是對配偶等特定近親所為之現金贈與，縱使贈與時是不計入贈與總額或免稅之贈與，仍應併入被繼承人遺產總額申報。換句話說，如果贈與超過 2 年，**這些贈與就無須被再併入遺產總額申報**。

而對特定近親之贈與，係指被繼承人死亡前 2 年內，向以下對象贈與個人財產：

1. 被繼承人之配偶。

2. 《民法》第 1138 條、第 1140 條規定之各順序繼承人（直系血親卑親屬、父母、兄弟姊妹、祖父母）。

3. 各順序繼承人之配偶。

為了避稅而想方設法延長病人壽命，如此不僅孝心打了折，對於病人而言，更是一種折磨。我也看過許多親友於重病急救時的痛苦，實在感到不捨。

臺灣在 2019 年已開始施行《病人自主權利法》，如果能夠在生前即預先簽署放棄急救切結書，不僅可以在緊急狀況依照自己的意思去執行治療模式，親人在處理時也不會再傷透腦筋，甚至可以預防子女為了節省遺產稅，而選擇對於自己身心靈不利的治療方式。

案例6 ▶
父親重病期間，帳戶的錢全都拿去付醫藥費了，這樣還要申報遺產稅嗎？

我有一名客戶——李先生，其父親長期臥病在床，在銀行戶頭的存款由某位家人負責保管，約定好李父的醫療及看護等費用，都由該銀行帳戶統一支付。

但在李父過世之後，李先生等其他家人才發現銀行存款已被提領一空，究竟為什麼會花這麼多錢？大家開始爭論不休，並要求負責保管的家人把存摺明細都拿出來，也把費用支出的單據拿出來對。可是這已經是長期發生的情況，要查對也不容易，不過遺產稅還

要申報。李先生和家人思及這些錢都被提光了，於是沒有申報這部分的財產。

不料，申報遺產稅後的某日，李家接到國稅局來電，要求說明此銀行戶頭原本的存款用途為何？如果沒有辦法說明，可能會補稅加罰。家族成員們一聽，驚訝表示：「那帳戶沒有錢了啊！為何還要查？」因為如此，李先生才特別來詢問我，現在是什麼情況？為何國稅局要特別問這件事？

依《遺產及贈與稅法施行細則》第 13 條規定，被繼承人死亡前因重病無法處理事務期間，若有舉債、出售財產或提領存款，而其繼承人對該項借款、價金或存款不能證明其用途者，該項借款、價金或存款，仍應列入被繼承人遺產總額課稅。

在申報遺產稅時，李先生與家人誤以為在父親生前，以現金提領銀行完全部存款，即可免併計遺產課稅，未留意於父親重病無法處理事務期間提領存款，如無法證明資金用途者，仍應併計課稅的規定。

李先生問我，這樣要如何處理呢？

依李父的情況，該帳戶的用途是用來支付李父的醫療及看護等費用，如果能提出被繼承人的醫藥費、看護費等相關單據，證明提領存款的資金用途，這部分的財產就可以不用被計入遺產課稅；而無法證明或合理解釋用途的資金提領，就會被併入遺產課稅。

人有旦夕禍福，儘早思考財務，
也是給生者的安慰———
〈從小鬼黃鴻升的案例，談遺產
分配問題〉

2020 年初世界各國肺炎疫情爆發，確診死亡人數持續攀升，到後來多位名人驟逝殞落的消息，都令人感傷及擔憂。例如 9 月中，臺灣藝人小鬼黃鴻升突然離世，讓他的歌迷粉絲相當不捨，他才 36 歲，正在事業高峰，令人更加惋惜。

當還在努力打拚的年紀，面對突然離世的風險，我們有哪些事可以預先準備好？至少讓愛我們的人及我們愛的人能先維持住生活面，再來慢慢處理眾多身後事。

我們可以從幾個面向來談：

一、現在居住的房子在自己名下，如果有房貸，會不會自己過世後，家人就面臨要賣掉房子的命運？

> 小鬼生前買下價值四千多萬元的北投區豪宅，不料 2 年不到就不幸驟逝。若家人想要留下被繼承人的房子，就要背負仍有上千萬的房貸。
>
> 若繼承人有足夠的經濟能力償還房貸本金及利息，當然沒問題；如果經濟能力不足以還房貸，被繼承人又沒留下足夠的現金，就會面臨要將房屋出售的狀況。

對大部分人而言，房子是家的象徵，當有人突然離世，家人在處理後事的同時，若還要處理房貸，可能分身乏術、心力交瘁。為了避免這個情況，首先要檢視自己資產配置的情況，如現金、銀行存款、股票、基金、黃金等動產、不動產，當然還有保單。

房子本身固然有價值，但當初購買高價的房子時，可能有向銀

行貸款。像現在貸款的成數雖然不比以前，但借款的利率低，許多人都會使用借款買房，好處是每年申報所得稅時，還有房貸利息扣除額可用。

當房子成為遺產的一部分時，就要考慮繼承的房子，是否附有負債？如果是買房時的抵押借款，每月須攤還本金及利息，假設借款金額為 2,000 萬元、貸款 20 年，每月要付的房貸約 10 萬元。而家人是否有足夠的現金流可以如期償還房貸，自然成為一件相當重要的事。

面對這種情況，有的人會存一筆緊急預備金，如此一來，就有一筆錢支應這段期間的支出。要是存了 3 個月或半年的家庭預備金，就表示至少在這段期間，可以好好處理後事。

但這筆錢還是會有用完的時候，如果還是不夠付房貸，依然會面臨房子的去留問題。這時就可以考慮是否有適合的保單，能幫助自己在突發狀況發生時，提供家人保障。例如像年金保險、意外險、壽險等，若是規劃得宜，便能提供現金流收入，用來支付全部或部分房貸，減輕家人負擔。

人會因疾病或是意外而離世，沒有人可以預料離開的時間。所以在規劃時，就要審慎思考，如何在有限的預算下，達到你想要的目標。

二、如果還留有未成年子女，或待奉養的父母，是否能繼續維持原有生活？

通常父母會希望子女能好好把學業完成後，出社會後找到好的工作，有穩定的收入可以養活自己。所以，如果家裡有小小孩或還

在求學階段的孩子，你就需要思考一下，當突然離世時，他們還可以繼續完成學業嗎？有太多的例子是家庭發生變故，導致小孩被迫輟學。

為了避免這情況發生，擁有一筆教育基金就非常重要了。除了事先定期定額存好教育基金，也可以規劃保單，讓保險金足以支付子女求學階段的學費及生活費等。

人生發生的事難以預料，除了子女，也可能還有長輩要奉養，我們所能做的，就是先做好財產上的財務規劃及預立遺囑等。現在也有人用遺囑結合信託，不但能讓財產的使用及分配更久遠，還可以設立自己期望財產受益人做的事，待符合一定條件，才可以得到財產。

據新聞報導，香港藝壇天后梅艷芳罹患癌症病逝，她去世前留下一份遺囑，將其近億元港幣的遺產轉移到某信託公司，而不是交給她 80 歲高齡的母親。

為什麼梅艷芳要這樣做？因為她認為，如果一次把近億元港幣的遺產給她媽媽，按照媽媽花錢如流水的習慣，很快就會消耗殆盡，影響日後生活。所以梅艷芳透過設立信託基金，將自己的遺產委託給專業的信託機構打理，信託公司每個月會按照囑託，支付幾萬元的生活費給她母親，一直到她去世，這樣梅艷芳的母親就可以安享晚年，無須為了賺錢的事情而煩惱。

這些事先安排好的方式，都是為了如果離開人世時，能確保遺產的流向更符合自己的心願。

三、我們想照顧的、所愛的人是否能拿到遺產？

> 　　小鬼未婚，沒有配偶，也沒有小孩，遺產將由第二順位的父母繼承。據媒體報導，小鬼的父母早已離婚，他是由父親撫養長大，照理說應該由父親繼承大部分財產比較合理。
>
> 　　然而，因為小鬼還年輕，可能沒有在生前寫下遺囑，依照臺灣目前的法律規定，若沒有遺囑的話，所有遺產由父母均分；即使兩人已經離婚，也不影響生母繼承的法律地位及應繼分額。

● 繼承權人。

《民法》第 1138 條明定遺產繼承權人有：

1. 當然繼承權人：配偶。

2. 順位繼承權人：血親（依序為直系血親卑親屬、父母、兄弟姊妹、祖父母）。

　　而決定誰為第一順序之繼承人，是以親者近者為優先，如有子女，就是配偶和子女為繼承人。另外，《民法》第 1144 條規定，配偶有相互繼承遺產之權，其應繼分分別是：

1. 與第一順序之繼承人同為繼承時，其應繼分與他繼承人平均。

2. 與第二順序或第三順序之繼承人同為繼承時，其應繼分為遺產 1 ／ 2。

3. 與第四順序之繼承人同為繼承時，其應繼分為遺產 2 ／ 3。

4. 無第一順序至第四順序之繼承人時，其應繼分為遺產全部。

　　如果是合法登記結婚的夫妻，在一般沒有特別約定夫妻財產制下，會適用法定財產制，區分婚前財產與婚後財產，由夫妻各自所有。但當法定財產關係消滅時，會有剩餘財產差額分配請求權，即以夫或妻現存之婚後財產，扣除婚姻關係存續所負債務後，如有剩餘，其雙方剩餘財產之差額，應平均分配。但因繼承或其他無償取得之財產，以及慰撫金，並不在此限。生存的配偶可主張此請求權，先將財產差額的一部分取走，其餘財產才是屬於被繼承人的遺產。

　　如果是未婚夫妻或同居人，即使關係再親密、感情再好，但因沒有結婚登記，在法律上依舊沒有繼承權。《民法》規定：「結婚應以書面為之，有 2 人以上證人之簽名，並應由雙方當事人向戶政機關為結婚之登記。」所以，如果想要照顧另一半，但又沒有依法登記結婚，則可先立遺囑（按：遺囑如何立？詳見第二章第 3 節），安排財產的分配，才能讓對方有取得遺產的資格。否則，在沒有配偶的情況下，遺產是由順位繼承人依順位繼承。

　　另外，《民法》第 1149 條提及：「被繼承人生前繼續扶養之人，應由親屬會議依其所受扶養之程度及其他關係，酌給遺產。」指的是被繼承人生前所繼續扶養之人，不以被繼承人的親屬為限，只需要有扶養的事實，即有權受酌給遺產，以維持生活。

● 特留分之規定。

　　遺產繼承原則上是以遺囑為優先，如沒有遺囑，就依照法律規定，即不是意定就是法定的繼承關係；如果預立遺囑，就能夠事先安排好自己的遺產，符合自己的意志。

　　不過雖說是遺產自由處分原則，但《民法》第 1187 條規定：「遺

囑人於不違反關於特留分規定之範圍內，得以遺囑自由處分遺產。」即仍受特留分制度的限制，並非完全自由處分。那麼特留分又是什麼？我在第二章第 6 節有詳細說明，簡單來說，就是「特別留起來的部分」，這樣即使用遺囑指定遺產給誰，法定繼承人仍可以主張取得遺產一定比例的特留分：

　　1. 配偶之特留分，為其應繼分的 1 ／ 2。

　　2. 直系血親卑親屬之特留分，為其應繼分的 1 ／ 2。

　　3. 父母之特留分，為其應繼分的 1 ／ 2。

　　4. 兄弟姊妹之特留分，為其應繼分的 1 ／ 3。

　　5. 祖父母之特留分，為其應繼分的 1 ／ 3。

　　以小鬼的案子為例，如果有在生前預立遺囑，並且遺囑中決定把遺產全部都給爸爸的話，依照前述特留分的規定，媽媽還是能拿到遺產 1 ／ 4 的特留分（應繼分 1 ／ 2 × 1 ／ 2）。

　　四、自有的事業，會不會無法經營下去？

　　小鬼除了藝人身分外，也有自創的潮流服飾品牌，開店經營得不錯，但於其離世後，該品牌仍要面臨經營上的轉折與變化。

　　臺灣的家族企業占所有企業的大部分，所以可能很多企業會面臨這樣的情境，即創辦人或主要經營者過世，但股權沒有事先規劃好，造成分配遺產時，股權分散在多位繼承人手中，每個人的想法都不同，若無法達成共識，便會使經營權動盪不安。

　　之前股王大立光創辦人為了集中家族持股，透過事先規劃的移轉程序，將家族持有的大量大立光股票轉入閉鎖性股份有限公司，讓此公司成為大立光最大單一法人股東，將股票集中。而閉鎖性股份有限公司的特性，在於可以設計股東轉讓股權的限制，使公司股權穩固，達到永續經營的目的。

　　然而，事前規劃的階段，有許多需要特別注意的重點，如公司架構的設計、公司章程如何訂定、移轉的方式及時點、移轉可能產生的稅負等，這些都需要提前思考與討論，以能符合規劃的目標。

　　當負擔家庭經濟來源的支柱倒下，每個月還是會有雪片般寄來的各種帳單，像是房貸、水電瓦斯費、信用卡帳單、學費等，固定開銷不會因家庭中某人離世而立即停止。

　　面對家人過世，已是一件難以快速釋懷的事，若還要為了日常開銷而苦惱，對於生者，無疑是雪上加霜。在古早的觀念裡，或許認為死亡很不吉利，自然會避而不談亡故之事；但人有旦夕禍福，如果能在生前就先把一切安排妥當，何嘗不是另外一種安慰呢？

當婚姻觸礁，切記，留不住人，
至少也要把錢留下——
〈離婚前的家庭財務管理，以及
保單處理〉

　　2020 年爆紅的韓劇《夫妻的世界》，講述一對看似相愛的夫妻因背叛而將愛情切斷後，陷入漩渦的故事。

　　劇中女主角是位有名望的醫師，也是家中的經濟支柱，其丈夫身為導演卻毫無成就，連開設電影製作公司都是由妻子出資。然而，丈夫遇上年輕貌美又崇拜他的小三，竟拿著正宮賺的錢來討小三歡心，甚至花光公司資產，還將妻子與他居住的房子抵押貸款，連兒子的保單也拿去質借（質押借款）。

　　後來，決心反撲的女主角精心策劃了一場對付腥夫和小三的復仇大計，最終順利將丈夫掃地出門，還爭取到了兒子的信任與撫養權，並努力奪回財產事業，在這場離婚大戰中大獲全勝！唯一美中不足的，可能是大肚子的小三，最後還是成功上位，和出軌腥夫雙宿雙飛……。

　　我之所以提到這部韓劇，是因為該劇開播之後，不但有媒體詢問劇中夫妻財務管理的改善空間，以及離婚的相關財務問題，巧的是，也有客戶跑來諮詢夫妻之間財產的問題，讓我印象相當深刻。

　　其實劇中能夠探討的，除了婚姻中的情感糾紛，還有夫妻之間更難處理的財務問題。我會先就婚姻進行式的夫妻財務管理，提出我的維繫方法；若真的走上離婚一途，則須特別注意財產分配及保單調整。

過度信任，反而造成婚姻財務風險

　　信任是婚姻的基石，但過度信任也暗藏著危險。我經常協助家庭與夫妻處理財務困擾，發現亞洲社會重視家族甚於個人，夫妻自

然會成為共同體。在這樣的狀況下，婚後夫妻的資產多半視為共有，再加上認為談錢傷感情，因此經常不太了解另一半的財務狀況。不少夫妻習慣由其中一方掌管財政，另一方負責出錢，這時如果沒有事先想好防堵資產外流的方法，那麼負責管錢的人，很簡單就能任意動用家中財務。

在《夫妻的世界》中，男主角不但可以隨意花用公司的錢，還能拿著房地權狀和兒子的保單去向銀行借款，表示女主角**原本就給他動用財產的權限**，甚至很有可能把房子和公司都登記在他名下，連兒子保單的要保人也是男主角，要不然這些事情，通常都需要委託書才能辦理，沒辦法想怎麼做、就怎麼做。

以臺灣的法律來說，財產登記或者移轉給誰，就是屬於誰的，尤其夫妻之間經常相互贈與金錢和不動產，一旦給了對方，即使證明了是自己出資的，仍很難要回來。

正因夫妻之間的財務很難完全切割，所以我認為，與其一直擔心對方做出不利自己的舉動，或非得等到事情發生才設法挽救，不如夫妻雙方先達成共識，建立好財產管理模式，才能防患未然。

離婚前，別忘了先變更保單

清官難斷家務事，家家有本難念的經，當婚姻觸礁，即使再怎麼努力挽回、想要排解問題，也可能會失敗，最後不得不簽下離婚協議書。不過，離婚並不只是簽個字就好了，我有許多客戶在情緒高點時，都會疏忽了這點，因此在給予感情建議之餘，我會特別給予專業上的建議，例如：財產分配及保單調整。

依據《民法》規定，夫妻財產制分為「法定財產制」以及「約定財產制」，若夫妻未以書面契約訂立夫妻財產制者，則會以「法定財產制」為夫妻財產制，而夫妻剩餘財產差額分配請求權只有在夫妻財產制未約定時，即為適用法定財產制時才有主張的餘地。關於夫妻財產制，我在第二章有更詳細的介紹（見 164 ～ 165 頁、171 ～ 174 頁）。

除此之外，夫妻在婚姻關係中，經常互相以自己為要保人、對方為被保險人來規劃保單。然而，當雙方感情破裂、無法修復，準備走上離婚一途時，難過之餘，也請別忘了重新審視一下有關保單的權利義務，以免日後影響到個人權益。

在保單上，最重要的有三個人——受益人、要保人、被保險人，分別說明如下：

● 受益人。

受益人不會因為離婚就自動更改或是失效，因此，如果離婚前的受益人設為另一半，但離婚後忘記變更受益人，如此一來，日後發生事故理賠時，理賠金可能會由前夫或是前妻獲得。

● 要保人。

要保人有繳納保險費的義務，也可申請保單借款、更改受益人、申請契約變更等，因此在法律上，保單視為要保人的「財產權」。若要保人與被保險人非同一人時，被保險人並無法行使要保人的保單權利，所以在協議離婚時，務必確認保單的要保人是誰，以免無法行使保單權利。

● 被保險人。

被保險人係被保障的人，當被保險人發生保險事故時，將啟動理賠程序。依據《保險法》第 105 條：「由第三人訂立之死亡保險契約，未經被保險人書面同意，並約定保險金額，其契約無效。被保險人依前項所為之同意，得隨時撤銷之。其撤銷之方式應以書面通知保險人及要保人。被保險人依前項規定行使其撤銷權者，視為要保人終止保險契約。」

如果保單的要保人是你，被保險人是配偶，之後兩人離婚後，前夫或前妻依法是可以隨時以書面方式撤銷該同意，並經保險公司受理辦理完成後，致使該保單即發生終止的效力。所以，建議要保人及被保險人最好為同一人，避免未來夫妻關係生變所衍生的相關問題。

財務管理 4 步驟，定期檢視金錢流向

對一般夫妻而言，要求對方公開自身財務，甚至讓自己可以隨時查核，並非一件易事，一方面是難以啟齒，另一方面恐怕會帶來「信任危機」。因此我建議，以「家庭財務管理」的角度來協商，雙方較不會有壓力。以下是 4 個執行步驟：

1 設立共同財務目標。

不論夫妻中，經濟來源是哪一方，若能彼此達成共識、設立共同財務目標，一來可以釐清彼此的金錢觀念，二來可以凝聚家庭向心力，產生夫妻同心之感。

　　設立目標時，要先討論出未來想要達成的事項，例如買車、買房、小孩教育基金等，並訂出具體的金額，以及每個月該編列的預算，接著衡量雙方收入，協商分擔比例或項目。

　　在這裡跟大家分享一個小眉角──**不需要掌控對方「全部」的金錢**，而該各自保留一點私房錢，想花的時候就花，如此一來，不僅感受會更幸福，也能讓兩人更放心的公開財務。

2 ▶ **建立家庭帳戶，專款專用。**

　　建立家庭帳戶的原則是「一目標一帳戶」，依照不同目標來劃分各自帳戶，例如生活日用帳戶、教育基金帳戶、夢想金帳戶等，才能做到「專款專用」。當每個月收入一進帳，就立刻將錢匯入不同帳戶中，便能避免不必要的開支。

　　至於帳戶該由誰管理，我建議盡量分工合作，不要把錢集中在其中一人名下；最直接的分配方式，就是依照出資比例與金額多寡，來決定以誰的名義開戶。要是雙方出資比例相同，也可以依照「對目標的重視程度」來分配，例如其中一方非常重視孩子的學習狀況，就負責管理教育基金。

　　需要注意的是，如果屬於不能任意動用的帳戶，最好不要辦理提款卡，甚至連網路銀行都不申請，才能確實把錢留住，避免越存越少的窘境。

3 ▶ **記帳。**

　　養成記帳習慣除了能讓夫妻一起審視金錢流向，控制收支，還能了解對方的消費習慣，順便觀察彼此是否把錢花在不該花的地方，

可說是一舉數得。

4▶ 定期檢視成果。

我建議，每年最少盤點家庭財務一次（最好的情況是每半年就盤點一次），確認目標達成率，並檢討該如何調整預算。

如果有基金、股票等投資標的，則至少每一季就要盤點一次，一來是檢視績效，二來是進行投資組合的「再平衡」，讓資產配置回到原本設定的比例，例如：股占多少％？債佔多少％？以降低投資波動。

那麼，一整年下來，有沒有什麼時間可以好好「關心」一下另一半的資產呢？當然有！那就是每年 5 月的報稅季。

由於夫妻所得採合併申報，只要查看所得清單，就能知道對方的薪資收入和儲蓄投資概況。萬一對方加薪卻沒告知，或是股利突然大幅減少，就能趁機詢問對方資金流向、是否變賣了股票，進一步討論是否調整家用負擔比例。

夫妻也要明算帳，出資前做好風險控管

至於不動產，按照臺灣民情，不少人會選擇登記在女方名下；但站在保護資產的角度，最好是「誰出資就以誰的名義登記」，例如《夫妻的世界》中，既然買房的錢全是妻子出的，那房子就該登記在妻子名下。若是夫妻共同出資，則可以登記為共有，這樣無論要進行任何移轉、設定，都需要雙方的同意才能辦理。

須注意的是，**如果房子登記在對方名下，且已經遭到變賣，按**

照臺灣法律，即使能提出匯款繳交房貸的證明，也會被視為「夫妻間的贈與行為」，想討回賣房的錢也討不回來！除非當初買房時，雙方有簽立借據，或是簽立「借名登記契約」（以他方名義登記，但自己保有管理、使用、處分的權利），才能依法提起訴訟，追討資產。

　　如果考慮到節稅或是首購資格適用，不想辦理共有登記，也能採用「預告登記」（按：用來保全請求權人對不動產的權利，進而限制不動產所有權人任意移轉或設定負擔的一種方式），一旦對方想動用房產，同樣必須經過自己（請求權人）同意。

　　此外，資助對方創業時，不要因為是夫妻就不敢劃清界線，還讓對方全權掌管公司。相反的，出資者可要求擔任大股東，或要求掌管財務，讓另一半擔任負責人和持有少數股份就好，形同以股份的形式贈與財產給對方。假設登記為公司組織，出資的一方除了可以自行出任董監事其中一席，還能安插部分家人擔任其他董監事，透過股權來控管公司資產。

　　舉例來說，若太太娘家出資讓女婿成立公司，就可讓女兒（妻子）擔任一席董事與大股東，女婿（丈夫）擔任負責人與董事並給予少量股份（如 10%），另一席董事和監事則由娘家其他人出任，而且可以要求定期檢視財務報表。如此一來，丈夫雖然名義上是公司老闆，但實際的主導權還是在妻子手上，一旦丈夫圖謀不軌，大可隨時撤換負責人，取回經營權。

　　夫妻相愛時，可以不分你我，彼此共享一切；然而，當另一半出軌、造成莫大傷害，這時後悔也來不及。我想，只有從源頭預防，才能避免另一半濫用夫妻間的信任，將資產與婚姻全部掏空。

　　有些人可能會覺得，自己的婚姻生活非常美滿，根本不用去擔心這些問題。但我認為，無論再愛對方，都該做好婚姻的風險管理，尤其臺灣離婚率高，外遇情形普遍，等到發現問題通常都已經晚了，事前預防絕對比事後補救來得有效。再怎麼說，留不住人，至少也要把錢留下！

後記
財產移轉五大策略及工具

　　為了幫助各位讀者，以合理且合法的方式節稅，以下針對個人財產移轉方式，總結出 5 大重要策略：移轉、壓縮、遞延、凍結、分散。因為資產金額越高、複雜程度越高，運用的工具也會越多。所以這 5 種策略各有好幾種方式及工具，而且皆有優點及缺點，適用的時機也不同。

　　至於常見的資產移轉的工具，我分成 6 種：分年贈與、繼承、保險、控股公司、境外公司與信託（見 345 頁圖表 5-5）。以下透過 5 種財產移轉策略，來分別介紹：

策略 1：移轉（Transfer）

　　將原本依《稅法》上規定為應稅的財產，透過資產配置的重新調整，轉換為免稅的財產，以降低財產稅負的風險。移轉策略較常見的有：

1. 買保險。

　　因為指定受益人的人壽保險理賠金額，不計入遺產總額項目，所以保險是資產移轉為免稅財產的絕佳方式。另外，被繼承人身後的保險理賠金額，因屬現金給付，有更加靈活的運用資金的優點，

可作為繼承人繳納遺產稅額或其他費用的支出。

保險給付大多數為免稅情況，但仍應留意投資型保單投資帳戶部分是否符合應稅財產、最低稅負制的規定（注意要保人及受益人不相同的保險給付），以及實質課稅原則的適用，切忌濫用。

2. 買農業用地。

農地有遺產稅、贈與稅、土地增值稅 3 大項免稅優點。依《遺產及贈與稅法》第 17 條規定：「遺產中作農業使用的農業用地及其地上農作物，由繼承人或受遺贈人承受者，扣除其土地及地上農作物價值的全數。」同法第 20 條規定：「作農業使用的農業用地及其地上農作物，贈與《民法》第 1138 條所定繼承人者，不計入其土地及地上農作物價值的全數。」

還有《土地稅法》第 39 之 2 條規定：「作農業使用的農業用地，移轉與自然人時，得申請不課徵土地增值稅。」

總而言之，**農地幾乎不用課稅**，惟應注意的，必須在該土地農業使用一段時間。依《遺產及贈與稅法》規定，農地承受人自承受當天起 5 年內，未將該土地繼續作農業使用，將被補徵稅負；依《土地稅法》規定，土地增值稅的土地承受人在具有土地所有權的期間內，被查獲未作農業使用，於再移轉時應課徵土地增值稅。

另外，若按照各縣市主管機關發布新的都市計劃，於繼承前該農業用地的地目因此變更為非農業用地，也無法適用免稅的規定。

3. 設立財團法人與公益信託。

《遺產及贈與稅法》規定，捐贈、捐助符合規定的財團法人，

不計入贈與總額與遺產總額。《所得稅法》第 4 條第 13 款規定：「教育、文化、公益、慈善機關或團體，符合行政院規定標準者，其本身的所得及其附屬作業組織的所得，免納所得稅。」

某些企業大股東成立財團法人，並捐錢給自己成立的財團法人，不僅可以節省所得稅及贈與稅，再讓財團法人回頭持有該企業股票，而且財團法人所獲配的投資所得，在某些條件上可以免稅。

必須注意的是，財團法人用於與其創設目的有關活動的支出，不可低於基金的每年孳息及其他各項收入 60％，其所得才能免稅。另外，章程中應明定該機關團體於解散後，所剩餘的財產應歸屬該機關團體所在地的地方自治團體、或政府主管機關指定的機關團體。

額外提醒，財政部打算透過修法或解釋函令，可將原本屬於免稅的財產變更為應稅財產或部分免稅的財產，這是所謂法令變更的風險。

策略 2：壓縮（Downsize）

利用特定財產的市場價值，可以透過普遍高於稅務計算用的法定價值之特性，壓縮個人財產的總額。常見的工具包括：

1. 購買依照公告現值課稅的不動產。

基本上，目前不動產的課稅價值，依照土地公告現值與房屋評定現值課稅（法定價值），而公告現值或評定現值通常低於市價許多。另外，若子女向二親等內的親戚購買不動產，但資金不足，可以用法定價值作為買賣價格，便能減少資金的壓力。

可見**不動產是壓縮財產課稅價值的良好工具**，然而，不動產的資產流動性偏低，不易變現，以至於有資金僵固的風險，若短期內有資金調度需求，則較不建議。而且不動產通常隨著景氣波動，影響房價，若景氣不好，所持有的不動產市價滑落，則可能省了稅金，虧了房價，造成個人投資損失。

近年財政部針對不動產，透過每年大幅調增土地公告現值、增加房屋稅、新增房地合一稅等手段積極課稅，持有交易不動產的稅負成本將越趨增高，包括：土地增值稅、遺產稅、贈與稅、交易所得稅、房屋稅等。

2. 持有依照股東權益淨值課稅的未上市櫃股票。

《遺產及贈與稅法》施行細則第 29 條規定：「未上市、未上櫃且非興櫃的股份有限公司股票，應以繼承開始日或贈與日該公司的資產淨值估定。」而經營良好的未上市櫃公司，例如高科技公司產業未來行情看漲，其股票的價值通常高於公司淨值，所以移轉未上市櫃公司股票有壓縮資產的效益。

若第二代以公司股票淨值向第一代購買股權，除了可降低購買成本，還可讓第二代共享公司未來的經營利益。一旦股權移轉到第二代，未來公司的盈餘便能自然而然的歸屬於第二代，等於終止財產孳息繼續膨脹。

因為未上櫃公司通常是私人家族企業，可以自由決定何時發放盈餘，所以若當年度選擇將盈餘保留在公司帳上，且由於個人綜合所得稅屬於收付實現制（按：是以收到現金或付出為標準，來記錄收入的實現和費用的發生），對股東而言，等到未來實際發放盈餘

時，才需要繳稅，因此也有遞延課稅的優點。

　　至於以未上市櫃股票移轉資產的缺點及注意事項，最大的問題莫過於財產交易所得稅（按：指出售或交換財產及權利的所得）。如果是移轉有價證券（按：上市櫃公司必有有價證券，指具有一定價格和代表某種所有權或債權的憑證，包括股票和債券），只要繳納證券交易稅即可，目前政府停徵證券交易所得稅，而未上市櫃公司，若沒有請金融機構將股票簽證，即非屬有價證券。因此，移轉非有價證券股票則須依照價差計算，並繳納財產交易所得稅（5%～40%）。故，若評估未來出售股票獲利很大，建議可去金融機構辦理股票簽證，成為有價證券。

　　另外，就遺產贈與稅來看，未上市櫃公司帳上若有不動產、轉投資上市櫃公司股票，財政部得重估資產，不動產部分調高至贈與日或死亡日的公告現值（可扣除土地增值稅準備）；轉投資上市櫃公司的部分，則調高至移轉日的收盤價，另累積未分配盈餘，並按稅捐機關過去所核定的金額為準。

3. 運用他益信託。

　　信託契約中的委託人與受益人不相同時，稱為他益信託，須課徵贈與稅。信託財產贈與價值的認定，在受益人未享有信託全部利益的情況，採用折現價值，即以郵政儲金匯業局一年期定期儲金固定利率，折現計算，大幅壓縮贈與金額。

　　因目前是低利率時代，郵匯局一年定存利率為 0.78％（2021年），故折現估算的贈與價額甚低，1 億財產的本金自益、孳息他益的 2 年信託，折現後的價值原則上可在 220 萬的贈與免稅額度以內，

具有良好的贈與稅節稅效益，其計算如下：

$$贈與金額 = 1 億 -（1 億 \div [1+0.78\%]^2）= 154 萬 1,936$$

策略 3：遞延（Deferral）

在應稅時點爭取延緩課徵或繳稅的機會，並利用其延遲的時間，將應納稅額的資產做更有利的投資或規劃。常見的方式包括設立控股公司。

由個人成立公司，並以其公司名義持有其他公司的股權，稱為控股公司。因控股公司所賺取的盈餘，可透過股東會決議選擇保留在公司帳上，不需要在獲配股利的當年度，立刻分配給股東，故具有遞延原始股東應繳納所得稅負的特性。並且，《所得稅法》第 42 條規定：「公司組織之營利事業，因投資於國內其他營利事業，所獲配之股利淨額或盈餘淨額，不計入所得額課稅。」（見圖表 5-2）

而且，個人有許多費用無法於綜合所得稅中扣除，控股公司則可以認列費用，如薪資、旅費、水電瓦斯、汽車折舊及利息費用等，降低營利事業所得稅。控股公司若屬於未上市櫃公司，則有如之前所述「壓縮」效果的好處。

利用控股公司節稅要注意的是，如果當年度不分配公司盈餘，須繳納未分配盈餘加徵 5% 營所稅。另外，控股公司若未發行有價證券，股東移轉股權將有財產交易所得併入綜合所得稅的疑慮。

另一項風險，則是原始股東先前投資的獲配股利金額，已適用綜合所得稅較高的稅率，並且對公司的盈餘分配有重大影響力，才

來設立控股公司以節省所得稅，將容易被國稅局以實質課稅原則來稽查補稅。

策略 4：凍結（Freeze）

高資產所有權人，可以透過本金自益、孳息他益的信託方式，將個人名下財產衍生的孳息移轉給第二代，以凍結固定個人資產的金額，避免本金配發的孳息膨脹個人總財產數額，而逐年增加稅負

圖表 5-2　設立控股公司，可遞延所得稅負

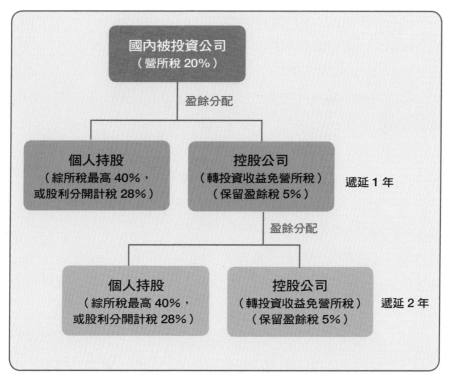

的風險。

　　信託契約中的委託人將信託財產孳息部分，以他人為受益人，故須課徵贈與稅，但因簽約時對於未來的配息狀況並不確定，故財政部規定應按郵局一年期定期儲金年利率折現，計算其孳息的價值。因本金所孳生的利息依信託契約歸屬於受益人，不再配發到委託人身上，故有凍結個人資產的好處。

　　不過必須注意，在低利率時期及孳息配發到適用所得稅率較低的受益人身上，才能享有所得稅節稅效益。

　　假設郵局一年期定期儲金年利率為 1%，某甲交付 5,000 萬進行「本金自益、孳息他益」的信託，信託期間 3 年，則本金現值是 4,853 萬，再用最初繳的 5,000 萬扣除，可得到信託利益 147 萬。因為該筆金額低於贈與稅免稅額 220 萬，所以不用繳納贈與稅（見右頁圖表 5-3）。

　　應注意的，是關於股權信託契約，委託人經由股東會、董事會等會議資料知道被投資公司將分配盈餘後，才簽訂孳息他益的信託契約；或委託人對被投資公司盈餘分配具有控制權，在簽訂孳息他益的信託契約後，會藉由公司盈餘分配，將訂定信託契約時該公司累積的未分配盈餘，以信託形式為贈與，並據以辦理贈與稅申報。

　　由於在訂定信託契約時，已明確知道該盈餘，並非訂定信託契約後，受託人在信託期間管理受託股票產生的收益，所以委託人以信託形式贈與該部分孳息，實質上等同委任受託人領取孳息再贈與受益人。

　　而且依實質課稅原則，該部分孳息仍屬委託人的所得，應於所得發生年度併入委託人所得總額課徵綜合所得稅。之後受託人交付

圖表 5-3　本金自益、孳息他益的信託要如何節稅？

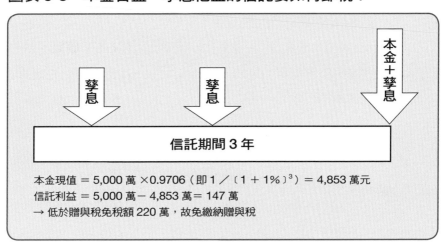

本金現值 ＝ 5,000 萬 ×0.9706（即 1 ／〔1 ＋ 1%〕³）＝ 4,853 萬元
信託利益 ＝ 5,000 萬 － 4,853 萬 ＝ 147 萬
→ 低於贈與稅免稅額 220 萬，故免繳納贈與稅

該部分孳息與受益人時，則應依法課徵委託人贈與稅。

策略 5：分散（Diversification）

採用穩健合理的方式，分段移轉財產，可以降低個人名下財產的金額，而且一方面可以增加第二代可運用的資產、一方面也可降低個人遺產稅負的風險。常見的分散方式有：

1. 分年贈與。

分年贈與是最簡單、最普遍的財產移轉策略。依現行遺贈稅法規定，夫妻間相互贈與免稅；父母每人每年有 220 萬的贈與免稅額，此外，子女婚嫁時享有父母各 100 萬的贈與免稅額度。

透過贈與稅基本免稅額，分年將資產移轉給第二代，甚至是贈

與給下一代高壓縮價值的財產，逐年「分散」遺產總額，自然就能降低遺產及贈與的稅負（見圖表 5-4）。

2. 二親等間的買賣。

親屬間可透過訂定以財產法定價值（通常比市價低）為移轉價格的買賣，迅速移轉財產，也能節省贈與稅負。

雖然稅法規定，父母與子女之間二親等買賣，視同贈與的行為，然而，如果能提出支付價款的證明（子女自有資金、過去的分年贈與），而且已支付的價款非由出賣人貸與或提供擔保，父母也無將取得的價款返還子女的情形，則可視為買賣行為，不須課徵贈與稅。

另外，非屬贈與行為的二親等間買賣，不適用《遺產及贈與稅法》第 15 條擬制財產的規定，所以沒有死亡前 2 年內，贈與二親等

圖表 5-4　夫妻間贈與財產或分散移轉給第二代，皆有降低個人遺產稅負的風險

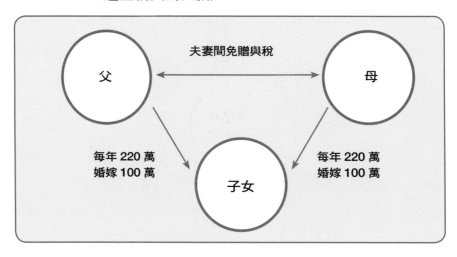

內親屬應併入遺產課稅的風險。

特別注意的是，不動產買賣的價格若低於土地公告現值加房屋評定現值、上市櫃股票的買賣金額低於收盤價、未上櫃股票的買賣金額低於公司淨值，必須就差額部分繳納贈與稅。此外，每年贈與子女的存款，如父母經常任意動用，未來該資金在用來置產時，將不被承認為子女的資金，進而被徵收贈與稅。

3. 善用配偶剩餘財產差額分配請求權。

前英業達集團副董事長溫世仁過世時，初步估計應納遺產稅高達五十餘億元，創下臺灣史上紀錄，當時他的夫人主張「配偶的剩餘財產差額分配請求權」，所以遺產總額扣除請求權分配的金額後，省下了巨額的遺產稅。

依《民法》第 1030-1 條的規定：「法定財產制關係消滅時，丈

圖表 5-5　資產移轉的六大工具

夫或妻子現存的婚後財產，扣除婚姻關係存續所負債務後，如有剩餘，其雙方剩餘財產之差額，應平均分配。」

　　另外，配偶的剩餘財產差額分配請求權和繼承權是兩種不同的權利，因此配偶在主張完此權利後仍可和子女共同享有繼承權。

　　由於分散分段移轉，時間成本及規費成本皆會逐年增加，每年應檢討財產增減及持續做好節稅的布局。

國家圖書館出版品預行編目（CIP）資料

節稅的布局（2021～2022年版）：搞懂所得稅、遺產
稅、贈與稅與房地合一稅，你可以合法的少繳稅，甚至一
輩子不繳稅。／胡碩勻著.--三版.--臺北市：任性出版有限
公司，2021.05
352面；17×23公分.--（issue；28）
ISBN 978-986-06174-0-5（平裝）

1. 租稅　2. 節稅

567.01　　　　　　　　　　　　　　　　　110003962

issue 028

節稅的布局（2021～2022年版）

搞懂所得稅、遺產稅、贈與稅與房地合一稅，
你可以合法的少繳稅，甚至一輩子不繳稅。

作　　　者／胡碩匀
責任編輯／張慈婷
副總編輯／顏惠君
總　編　輯／吳依瑋
發　行　人／徐仲秋
會　　　計／許鳳雪、陳嬅娟
版權經理／郝麗珍
行銷企劃／徐千晴、周以婷
業務助理／王德渝
業務專員／馬絮盈、留婉茹
業務經理／林裕安
總　經　理／陳絜吾

出 版 者／任性出版有限公司
營運統籌／大是文化有限公司
　　　　　臺北市 100 衡陽路7號8樓
　　　　　編輯部電話：（02）23757911
　　　　　購書相關諮詢請洽：（02）23757911 分機122
　　　　　24小時讀者服務傳真：（02）23756999
　　　　　讀者服務E-mail：haom@ms28.hinet.net
郵政劃撥帳號 19983366　戶名／大是文化有限公司

法律顧問／永然聯合法律事務所　　　　　　　　　Printed in Taiwan
香港發行／豐達出版發行有限公司
　　　　　Rich Publishing & Distribution Ltd
　　　　　香港柴灣永泰道70號柴灣工業城第2期1805室
　　　　　Unit 1805, Ph.2, Chai Wan Ind City, 70 Wing Tai Rd, Chai Wan, Hong Kong
　　　　　Tel：2172 6513　Fax：2172 4355　e-mail：cary@subseasy.com.hk

封面攝影／吳毅平
封面設計／王信中
內頁排版／江慧雯
印　　　刷／鴻霖印刷傳媒股份有限公司
2019年4月 初版
2021年5月 三版
定　　　價／新臺幣 399 元（缺頁或裝訂錯誤的書，請寄回更換）
ISBN　978-986-06174-0-5
電子書ISBN　9789860617429（PDF）
　　　　　　9789860617412（EPUB）